discours
sur la légitimation actuelle
de l'artiste

ISBN : 978-2-35088-060-0

paul audi

discours sur la légitimation actuelle de l'artiste

encre marine

« Je ne fais pas le procès de la culture,
je me contente de porter témoignage en déclarant
que je suffoque dans son atmosphère. »

Mikhaïl Gerschenson, *Correspondance d'un coin à l'autre.*

Le Parlement et le Capital Complex de Dhaka au Bengladesh ont été conçus par l'architecte américain Louis I. Kahn (1901-1974). La construction débuta en 1962 et elle s'acheva un an après la mort de Kahn, en 1975. Voici ce que Shamsul Wares, architecte Bangladeshi et collaborateur de Kahn sur ce dernier projet, a déclaré au fils de Louis Kahn, Nathaniel Kahn, venu l'interroger et le filmer dans l'enceinte de ce prestigieux bâtiment ; il s'agit des paroles que Sh. Wares prononça dans le film de Nathaniel Kahn My Architect *(2003) :*

« Pensez-vous pouvoir saisir la qualité de ce monument en termes d'espace, de lumière, [ou saisir] les volumes et les ambiguïtés de l'agencement ? [...] Dix minutes [dans votre film] pour ce monument, ça ne sert à rien : on ne peut pas traiter ce bâtiment comme ça ! C'était presque impossible, un bâtiment pareil pour un pays comme le nôtre... Il y a cinquante ans, ici, il n'y avait rien que des champs de riz. Quand nous l'avons invité [i.e. Louis Kahn], il s'est senti une responsabilité. Il a voulu être notre Moïse, ici. Il nous a donné la démocratie. Ce n'était pas un homme politique, mais, mine de rien, il nous a offert l'institution

pour la démocratie à partir de laquelle on pouvait s'épanouir. [...] Il n'avait cure des richesses que possédait le pays, ni même de savoir s'il pouvait faire ce bâtiment, mais d'une façon ou d'une autre il a réussi à le construire. Et c'est le plus gros projet qu'il ait eu : ici, dans le pays le plus pauvre du monde ! [...] Pour ceci, il a payé de sa vie, et c'est pourquoi il est grand et restera dans nos mémoires.

« Mais c'était aussi un homme. L'incapacité à trouver le bonheur en famille est immanquablement associée aux grands hommes. Je pense que son fils comprendra cela et qu'il n'aura aucune rancœur ni le sentiment d'avoir été abandonné. Il [i.e. Louis Kahn] se souciait [de sa famille], mais d'une manière très différente [des autres] ; il faut du temps pour le comprendre. Dans l'aspect social de sa vie, ce n'était qu'un enfant immature, il ne savait pas dire "non". Et c'est d'ailleurs pourquoi nous avons ce bâtiment aujourd'hui. On ne peut le comprendre autrement. Il nous a donné ce bâtiment, et nous pensons tout le temps à lui. Il nous a donné de l'amour. Peut-être ne vous a-t-il pas donné autant d'amour [vous : Nathaniel], mais à nous, à mon pays, il a donné de l'amour. C'est important. Vous devez le comprendre. Il avait beaucoup d'amour. Il aimait tous les hommes. En aimant tout le monde, il lui arrivait de ne pas voir ceux qui lui étaient le plus proche. C'est inévitable chez les hommes de sa stature. »

DEPUIS DES DÉCENNIES, les artistes – et pas seulement en France – sont les protagonistes d'une intrigue qui ne vise, tout compte fait, qu'à se retourner contre eux. Ce temps est en effet celui de notre histoire commune où le monde politique tout entier, et peu importe en l'occurrence qu'il se réclame de la droite ou de la gauche, pose à tout artiste digne de ce nom, quels que soient la discipline ou le domaine d'activité dans lesquels il exerce ses talents, une question mortelle pour toutes les formes d'expression au travers desquelles il lui plairait encore de vouloir s'illustrer : la question de sa légitimation.

(Je dis *légitimation* et non *légitimité* pour des raisons qui ne vont pas tarder à apparaître. Et je ferai du même coup remarquer que mon dessein ici – à savoir tenter de dégager le problème que les enjeux de la légitimation posent aujourd'hui aux artistes en général – ne s'éclairera lui-même dans toute sa signification, son urgence et surtout sa gravité, qu'au terme de mon discours. Que mon lecteur s'arme donc de patience s'il accepte de me suivre.)

Deux remarques s'imposent d'entrée de jeu.

1. Dans la mesure où elle répond à une question de droit – la question, formulée en latin, du *quid juris ?* (« de quel droit ? »), question « moderne » s'il en est –, la légitimation détermine en règle

générale quelque chose que l'on pourrait spontanément appeler un *statut*. En l'occurrence, la question serait à poser en ces termes : aujourd'hui, à qui reconnaît-on le statut d'artiste ? Autrement dit : en raison de quoi accorde-t-on le droit à un artiste de se qualifier de la sorte ?

Ici le pronom neutre « on » doit bien pouvoir désigner ceux-là mêmes qui se croient justifiés à poser la question de la légitimité de l'artiste, et qui ne sont justement pas eux-mêmes des artistes. Soit : toutes les instances soutenant les règles du jeu social, au premier rang desquelles on aurait raison de compter les pouvoirs publics, mais aussi ce qu'il est convenu d'appeler l'opinion majoritaire, la *doxa* qui prévaut ici et maintenant.

Quant au mot « artiste », je rappellerai d'abord qu'il est apparu pour la première fois dans un document officiel (la loi de finances du 22 octobre 1798) après la Révolution française, une fois que celle-ci eut supprimé les corporations et les Académies royales, de sorte que le simple fait de les nommer comme tels les inscrit *ipso facto* dans l'espace de cette modernité dont ils partagent le destin en même temps qu'ils le forgent au hasard des jours. Bien entendu, je n'évoque cela que pour y ajouter ceci, à savoir que ce mot d'artiste, quand je tenterai plus loin d'en cerner la signification *actuelle*, si je m'en tiendrai exprès à des traits relevant exclusivement du domaine des arts plastiques, je ne le ferai qu'en me souciant de ne retenir chaque fois que des caractéristiques susceptibles de posséder, *pour tout artiste considéré comme tel*, une valeur de paradigme – ce en quoi d'ailleurs je ne ferai que me montrer fidèle à la tradition, puisqu'à l'origine le mot *artiste* a concerné seulement les peintres et les dessinateurs, avant qu'il ne s'étende à l'ensemble des créateurs ; ainsi que l'explique Nathalie Heinich (*Être artiste. Les transformations du statut des peintres et des sculpteurs*, Paris, Klincksieck, 1996, p. 29) :

> « L'imposition progressive du mot "artiste" signale la réussite de la métamorphose identitaire tentée par les peintres et sculpteurs, cristallisant une nouvelle définition de l'activité des créateurs – puis des

interprètes – d'œuvres d'art. C'est là un groupe qui a réussi à se faire reconnaître, comme groupe, et comme groupe de prestige – au point qu'"artiste" finira par équivaloir, dans la modernité, à une sorte de titre nobiliaire. »

Aussi, en dépit des apparences, la question ne portera-t-elle pas sur le statut des peintres ou des sculpteurs en particulier, pas plus qu'il ne sera question de musiciens, d'écrivains, de comédiens, de danseurs, d'aucun artiste, donc, eu égard à la spécificité de sa pratique artistique. Car voici ce qu'il importe de dégager : les éléments permettant d'établir le *statut de l'artiste*, dans toute la *généralité* à laquelle ce vocable est susceptible de renvoyer depuis le début du XIXe siècle.

2. Il va de soi qu'en vertu de ce qui le caractérise au premier chef, à savoir une liberté toujours en dernier ressort anarchique (et si, parlant de cette liberté, je la dis « anarchique », c'est bien en raison du sens étymologique de l'épithète en question, un sens qui renvoie à l'absence de tout principe déterminant, de tout fondement autre que son avènement lui-même, comme le prescrit plus ou moins secrètement le concept même de liberté), il va de soi qu'en vertu de sa liberté auto-affirmative, un artiste digne de ce nom, pour ce qui est de la qualification de son être, ne s'autorise jamais que de lui-même. Aussi, de par la *souveraineté* à laquelle tout artiste aspire ou qu'il prétend incarner – une souveraineté qui, tout en lui donnant sa « légitimité » incontestable, ne le met pas pour autant dans une quelconque position de *maîtrise*, pas plus vis-à-vis de lui-même, de ses facultés personnelles, de ses capacités individuelles, que de l'œuvre qu'il réalise, qu'il signe, et dont il aurait, le cas échéant, à répondre –, l'artiste n'entend en aucune façon placer la reconnaissance de son *être* d'artiste sous les fourches caudines d'une norme, voire d'une définition normative, si justement fondée, si démocratiquement déterminée qu'elle puisse être. Et il n'est pas jusqu'à son statut d'artiste qui, en termes d'importance, ne lui semblera pas être

toujours secondaire par rapport à ce que par lui-même il sait au sujet de lui-même. Il n'empêche : en dépit de cette conviction intime, et à cause d'une politique d'aide publique d'abord soucieuse de contenir l'augmentation des budgets que les droits accordés aux dénommés « artistes » entraînent nécessairement* ; avec un État, donc, qui connaît des déficits publics records mais qui n'en a pas moins à faire face à une demande des plus coûteuses, la tentation de retirer le tapis sous les pieds des artistes, en tout cas sous les pieds de tous ceux qui jouissent déjà d'une certaine reconnaissance en tant qu'artistes, tout autant que de ceux qui cherchent à se faire reconnaître comme tels, cette tentation ajoutée à la propension que toute autorité connaît à contester une qualification à même de conférer un droit, tout cela conjugué peut fort bien, à soi tout seul, tenir lieu de « politique ». Des preuves nous en sont données tous les jours. Or est-ce bien aux politiques (en dépit du fantasme qui peut être le leur), est-ce aux hommes et aux femmes politiques, ou à leurs « programmes », de décider de qui a droit au nom d'artiste ou de qui n'y a pas droit ?

Que ce soit par intuition, ou au terme d'un raisonnement articulé, j'entends déjà certains me dire « non ». Et cependant je crois que les fins que les artistes poursuivent et qui passent inévitablement par le choix d'une stratégie de défense – d'auto-défense – ne sauraient les exonérer du besoin de faire face à cette question préjudicielle : le sujet qui accorde un droit peut-il se confondre avec le sujet susceptible d'en bénéficier ? Et plus fondamentalement encore : à quel type d'instance (d'« autorité ») revient-il en général de pouvoir fixer la norme qui justifie d'un droit ?

Sans doute y a-t-il par définition un cercle de la légitimation, et sans doute aussi cette circularité est-elle vicieuse ou vertueuse selon le point de vue auquel on se place. Mais faut-il obligatoirement que

* Je rappelle, pour ne prendre qu'un exemple, que les Intermittents de l'Audiovisuel et du Spectacle vivant étaient 9.000 en 1984, 76.000 en 2008, et 102.000 en 2010, année au cours de laquelle le Ministère de la Culture a pu dénombrer 1.247 « compagnies », toutes disciplines confondues, financées par l'État.

l'existence de ce cercle (ou de cette circularité) en vienne à légitimer les tentatives de *disqualification* (le mot n'est pas trop fort) où s'illustrent de plus en plus nettement les politiques publiques, et pas forcément celles qui s'avouent d'inspiration libérale ? Est-il possible, dans le cas particulier de l'artiste, dans le cas de sa *nomination* en tant qu'artiste, de concilier entre elles les deux exigences suivantes – et si oui, comment –, à savoir : (*a*) que la prérogative de l'autorisation ne saurait par principe incomber à un pouvoir politique quel qu'il soit (souveraineté du peuple compris), et (*b*) que l'instance de légitimation dont « on » se réclame pour justifier de qualifier comme tels les artistes, « on » n'est jamais en mesure de la fonder elle-même en raison, c'est-à-dire de lui donner un statut universel où juge et partie seraient différents l'un de l'autre ?

Posons-nous donc la question : qui arbitre en l'occurrence ? Qui peut et qui doit arbitrer ? Voilà bien où conduit le problème – le problème que tout artiste, je dirais même que tout citoyen d'un État de droit, désireux de préserver les droits acquis de haute lutte par certains de ses membres, rencontre nécessairement sur son chemin lorsqu'il aspire à faire barrage au fait qu'à son endroit, le pouvoir normatif de l'État s'arroge un droit qu'à ses yeux d'homme libre (au sens de responsable et d'autonome), il ne lui appartient justement pas d'exercer.

Reprécisons les termes du débat. Derrière la question, toujours abruptement posée, de la légitimité de l'artiste, ou plutôt de la légitimation du *nom* « artiste », se dissimule la question de l'instance de légitimation qui assure le bien-fondé de cette qualification appréhendée sur un plan normatif. Or cette instance a si souvent varié au cours du siècle précédent qu'il apparaît maintenant urgent, au point où nous en sommes, d'essayer de mieux comprendre ce dont il est question, c'est-à-dire de prendre toute la mesure des dernières (disons des plus récentes) *disqualifications* dont cette légitimité a fait l'objet. C'est là, je crois, le préalable qu'il importe de déployer s'il y a bien lieu de se demander, comme je tenterai pour ma part de le faire, mais dans un deuxième temps, quelle peut être – ou *qui* peut être – l'instance de légitimation la mieux à même de concilier les deux exigences dont je viens à l'instant de faire mention.

Que veut dire « instance de légitimation » ?

Répond à cette appellation le *sujet* d'une phrase normative. – « On nomme normative une phrase qui, ayant pour objet une phrase prescriptive, lui donne force de loi », explique Jean-François Lyotard dans un texte intitulé « Mémorandum sur la légitimité » (repris dans *Le Postmoderne expliqué aux enfants*, Paris, Galilée, 1988-2005, p. 63-87). Et le philosophe d'illustrer ce point en recourant alors à la prescriptive suivante : *Il est obligatoire pour x d'accomplir l'action a.* En d'autres termes : *tel est x, qu'il lui faut accomplir l'action a.* D'où l'on s'aperçoit qu'une phrase prescriptive, c'est-à-dire une phrase marquée au coin d'une obligation, par un « il faut », enveloppe toujours une définition potentiellement normative. Je dis « potentiellement », car ce qui est susceptible de rendre cette définition *actuellement* normative, c'est justement l'instance de légitimation qui la surdétermine par le fait même qu'elle lui donne, à telle ou telle occasion, *force de loi.*

Dans ces conditions, comment la phrase normative s'articule-t-elle ? Elle s'énonce de la sorte : *C'est une norme édictée par y, qu'il est obligatoire pour x d'accomplir l'action a.*

« Ainsi formulée, poursuit Lyotard, la normative désigne, sous le nom de *y*, l'instance qui légitime la prescription adressée à *x*. » Ce qui revient à dire que le pouvoir normatif est détenu par *y* et que c'est chaque fois *au nom de* y, ou de ce qu'« exige » *y*, qu'une obligation est assignée à *x*, c'est-à-dire qu'une autorisation lui est allouée ou qu'une autorité lui est conférée. (Une autorité ou un pouvoir sont toujours conférés *au nom de…*, et ce au nom de quoi cette autorité ou ce pouvoir se trouvent être conférés définit précisément ce qu'il est convenu de nommer « autorité ». En ce sens, l'autorité autorise l'autorité ou le pouvoir. Ce cercle, que l'on peut appeler le cercle de l'autorisation, caractérise la structure même de l'autorité. J'y reviendrai.)

Pour l'instant, retenons seulement que c'est à *y* qu'il appartient de doter *x* d'un *droit*. Car ce qui confère un droit à *x*, ce n'est pas uniquement le *devoir* qui lui est prescrit, c'est aussi, c'est peut-être même surtout le fait qu'il appartient justement à *y* de justifier ce devoir, que c'est donc au nom de *y* que *x* se trouve légitimé dans l'action qui lui est prescrite.

Or si l'on appliquait maintenant ce schéma formel au cas de l'artiste, c'est-à-dire à la qualification de celui-ci – une qualification placée en l'occurrence dans la position du *x* de la phrase prescriptive –, voici comment cette dernière s'énoncerait : *Il est obligatoire, du moins pour qu'ils soient en toute légitimité qualifiés d'artistes, que les artistes en viennent à accomplir une certaine action.*

Quelle action ? Peut-on répondre à cela de manière univoque ? Ou de façon unanime ?

Force est de reconnaître en tout cas qu'à l'époque moderne on n'a pas toujours répondu à cette question de la même manière. De sorte que si nous voulions aujourd'hui y répondre, ou du moins si nous voulions suivre une orientation probante qui nous conduise à lui trouver une réponse satisfaisante, il serait peut-être utile de prendre appui *sur une proposition prescriptive servant aujourd'hui de définition normative*. C'est que définir effectue, de par sa nature même, un acte performatif, ce dont on ne se rend pas toujours compte. Sous des allures constatives, toute définition est performative dans son essence. Et j'irais même jusqu'à dire qu'en servant à *créer un droit*, on ne saurait exonérer sa performativité d'une certaine *violence*, celle qui est propre à toute *instauration*. En prétendant *faire la vérité* sur son domaine d'objets, ce que la définition effectue principalement, c'est une stabilisation du sens, qui se double aussitôt, une fois les conditions réunies, d'une instauration de celui-ci : autant d'actes à partir desquels des normes peuvent être enfin reconnues, des statuts enfin forgés et des mesures enfin prises. Comme le rappelle opportunément Jacques Derrida, et peu importe si l'objet de son propos y est alors autre que le nôtre (*Histoire du mensonge. Prolégomènes*, Paris, Galilée, 2012, p. 59) :

> « Quand les performatifs réussissent, ils produisent une vérité dont la puissance s'impose parfois à jamais : la position d'une frontière, l'instauration d'un État sont toujours des violences performatives qui, si les conditions de la communauté internationales le permettent, créent le droit durablement ou non, là où il n'y en avait pas ou plus, là où le droit ne s'imposait pas encore ou bien n'était plus assez fort. Créant le droit, cette violence performative – qui n'est ni légale ni illégale –, crée ce qui ensuite est tenu pour vérité de droit, vérité publique dominante et juridiquement incontestable. »

De ce fait, je proposerais de prendre en considération la définition à portée indéniablement normative qu'a cru bon d'édicter, il y a quelques décennies déjà, cet organisme international réputé normatif en matière de définitions, qui s'appelle l'Unesco. Le choix de cette définition s'explique aisément : il tient surtout à la très grande valeur heuristique de son énoncé, c'est-à-dire à sa capacité de nous introduire sans détour au cœur du problème indiqué.

Voici donc la « définition » de l'artiste qui fut forgée à Belgrade le 27 octobre 1980 et dont la force d'injonction, de discrimination et de légitimation fut validée dans le cadre d'un rapport intitulé *Recommandation relative à la condition de l'artiste* :

> « On entend par *artiste* toute personne qui crée ou participe par son interprétation à la création ou à la recréation d'œuvres d'art, qui considère sa création artistique comme un élément essentiel de sa vie, qui ainsi contribue au développement de l'art et de la culture, et qui est reconnue ou cherche à être reconnue en tant qu'artiste, qu'elle soit liée ou non par une relation de travail ou d'association quelconque*. »

Analysons dans toutes ces articulations cette définition de l'artiste (il s'agit donc de sa surdétermination prescriptive et normative),

* http://fr.wikipedia.org/wiki/Artiste#cite_ref-31

et faisons cela avec d'autant plus d'attention qu'à ma connaissance du moins, ladite définition n'a pas été remise en cause depuis son adoption (son bien-fondé a même été confirmé dans la Déclaration finale du Congrès mondial sur l'application de la recommandation relative à la condition de l'artiste, qui s'est tenu à Paris entre le 16 et le 20 juin 1997)*.

J'entamerai mon analyse en découpant la définition, prise dans sa lettre, en plusieurs parties homogènes, tant il est vrai qu'elle procède, comme on s'en est certainement rendu compte, par accumulation de déterminations. (Cette définition, je l'appellerai désormais « la Définition », en me servant de l'article défini et d'une majuscule, non pour lui conférer quelque dignité supérieure, mais seulement par commodité, pour la distinguer de tout autre.) La syntaxe de la phrase unique dont la Définition est formée facilite d'ailleurs son découpage en sections dans la mesure où chacune d'elles permet d'isoler un *trait d'essence* susceptible de caractériser (de distinguer et ainsi de désigner) l'être-artiste de l'artiste. On y relève les cinq traits suivants :

1. Est (peut être et doit être) considérée comme artiste toute personne qui crée une œuvre d'art. L'artiste, c'est donc en premier lieu un créateur. Même si ce que l'on est censé devoir entendre par *création* ne fait pas l'objet d'une précision supplémentaire, on peut toutefois présumer, puisqu'il est question d'« œuvre d'art », que *créer* signifie ici *faire œuvre*, produire une œuvre qui n'existait pas comme telle auparavant, c'est-à-dire avant que ce « faire » lui-même ne se soit accompli. Il semblerait donc qu'une première catégorie d'artistes rassemble toutes celles et tous ceux qui possèdent et exercent un pouvoir créateur. Mais, de même que tous les créateurs ne sont pas des artistes (c'est là une conclusion qu'il n'est pas possible de tirer de la Définition donnée, mais on peut tranquillement l'affirmer), il faut

*http://portal.unesco.org/culture/fr/ev.php
URL_ID=14126&URL_DO=DO_TOPIC&URL_SECTION=201.html

aussi bien présumer, étant donné la suite de la définition, que les créateurs ne sont pas non plus les seules personnes à pouvoir être qualifiées d'artistes.

2. Car peut être (et doit être) *également* considérée comme artiste toute personne qui participe à la création ou à la recréation d'une œuvre d'art. Ici, en revanche, et alors même qu'il n'est pas précisé plus avant ce qu'est supposé recouvrir le mot de *recréation*, le mode de ladite « participation » est expressément indiqué. En effet, l'artiste qui participe à la création ou à la recréation d'une œuvre d'art – et qui donc ne la crée pas en totalité – est celui qui fait de cette œuvre l'objet d'une *interprétation.* Il semblerait donc qu'une deuxième catégorie d'artistes soit composée de toutes celles et de tous ceux qui, en plus de posséder un pouvoir *partiel* de création sur l'œuvre d'art réalisée, exercent aussi sur elle un pouvoir *total* d'interprétation. Si le sens de ce dernier mot reste assez vague (désigne-t-on par là des comédiens ou des musiciens, des chanteurs ou des danseurs ? C'est là l'une des nombreuses questions qu'il est tentant de soulever), si donc le sens du mot « interprétation » est assez indéterminé pour faire place à beaucoup de monde, il est en même temps suffisamment précis pour exclure certaines personnes, tels que les *techniciens* qui participent bien à la création ou à la recréation d'une œuvre d'art mais qui ne l'interprètent pas. L'on voit bien qu'un comédien, un instrumentiste, un scénariste ayant la charge d'adapter, par exemple, un texte à la scène ou à l'écran, s'insèrent dans cette catégorie, mais l'on peut rechigner à y faire entrer un fabricant de costumes, un maquilleur, un preneur de son, toutes ces professions qui se rangent pourtant de plein droit sous la fameuse étiquette bien française des « intermittents et des récurrents du spectacle ». On mesure en tout cas, par cette seule remarque, tout le pouvoir de *discrimination* qui s'attache à une « définition » (s'il est vrai que ce qui prescrit proscrit), surtout dans l'hypothèse où l'on se servirait de cette définition pour n'accorder des droits sociaux qu'à toutes celles

et à tous ceux qui ont la chance d'être considérés au préalable comme des « artistes » (aux créateurs et aux interprètes donc) et non pas (comme c'est pourtant le cas aujourd'hui) à tous les « agents de la culture », à tous les « rouages » de la « production culturelle » (si ces sous-catégories demeurent encore inexpliquées, elles ne tarderont justement pas à surgir ; je montrerai comment).

3. Car ce qui vient maintenant à la lumière est le résumé des deux premières sous-catégories déjà évoquées (les créateurs et les interprètes) : est censée être qualifiée d'artiste toute personne qui considère sa création artistique comme un *élément essentiel de sa vie.* Que vient donc faire ici cet ajout ? Il sert très probablement à introduire sur la scène de la Définition un mot capital – dont il nous incombera d'interroger tout à l'heure le sens de la présence –, à savoir le mot « vie ». Que veut dire *vie* ? Et que veut dire aussi *élément essentiel* ? Est-ce que cela veut dire « tâche principale » ? « Activité primordiale » ? « Source prioritaire de revenus » ? Laissons pour l'instant la question ouverte, la Définition n'apportant pas d'autres précisions à ce sujet.

4. Pourtant, ce n'est pas un hasard si ce mot de *vie* se trouve placé en position médiane et joue le rôle de charnière entre un premier volet de catégories (les créateurs et les interprètes) et un second, bien plus large puisqu'il renvoie, on va le voir, à toutes les personnes qui « contribuent au développement de l'art et de la culture ». Par le recours à ce syntagme qui paraît de prime abord aller de soi, qui semble même banal, mais qui en réalité ne l'est pas du tout (je m'en expliquerai un peu plus loin), par ce syntagme, dis-je, qui est presque indécomposable (il faudrait l'imaginer avec des traits d'union : l'art-et-la-culture) – et si je dis « presque », c'est dans la mesure où « l'art » est tout de même supposé faire partie de la « culture », si bien que l'on peut se demander pourquoi la Définition tient tant à dégager l'espèce du genre : *y a-t-il quelque chose qui, dans l'art,*

résiste précisément à se laisser absorber par la culture ? Y a-t-il encore moyen de distinguer création artistique et production culturelle ? –, par ce syntagme donc, et contrairement à ce qu'impose la caractérisation des deux premières sous-catégories (les créateurs et les interprètes), il devient tout à fait possible d'appliquer l'étiquette d'artiste à toutes celles et à tous ceux (et notamment, puisque l'exemple en vient tout de suite à l'esprit, à tous lesdits intermittents et récurrents du spectacle) qui participent de près ou de loin à la création ou à la recréation d'une œuvre d'art, sans nécessairement qu'ils se comportent eux-mêmes en créateurs ou en interprètes.

5. Enfin, cinquième moment de la Définition, est dénommée artiste toute personne qui se voit reconnue ou (je soulignerais triplement la nuance apportée) qui *cherche* à être reconnue en tant qu'artiste. Ici, le prescripteur va jusqu'à préciser ceci, qui n'en est pas moins décisif : « et peu importe en l'occurrence que la personne en question soit liée ou non à une relation de travail ou d'association quelconque », c'est-à-dire : peu importe qu'elle ait ou non contracté une relation professionnelle ou associative avec une personne ou un groupe contribuant au développement de l'art et de la culture. Cette ultime articulation a pour but de suggérer que les auteurs de la Définition ont estimé devoir admettre – *l'élargissement* des sous-catégories, déjà réalisé aux stades 3 et 4 de la Définition, devenant par là même plus conséquent – que la seule *reconnaissance*, sinon le seul *désir* de reconnaissance, est suffisamment caractéristique de l'être-artiste de l'artiste. Sans doute cela concerne-t-il beaucoup de monde, puisqu'on peut y englober toutes les personnes qui n'ont jamais créé ni interprété ni même soutenu par leur participation, leur savoir ou leur technicité, la réalisation d'une œuvre d'art. N'est-il pas dit en effet que mérite d'être qualifiée d'artiste toute personne qui prétend à l'être ou qui souhaite l'être, c'est-à-dire qui aspire seulement à ce qu'on lui confère pareil titre ?

En fait, c'est surtout grâce à ce dernier élément que le champ de la Définition en arrive à se distendre exagérément, mais c'est aussi par son truchement qu'elle nous conduit devant la question qui nous intéresse au premier chef : la question de la légitimation.

Car ce qui légitime l'artiste dans sa qualité et son nom d'artiste indépendamment de la charge de travail (du « métier ») qu'il accomplit, et peut-être même aussi du corps professionnel auquel son travail le rattache, la Définition l'indique bel et bien. En effet, s'il importe peu qu'elle soit liée ou non à une « relation de travail ou d'association », il semble bien que ce qui justifie la qualification d'une personne en tant qu'artiste consiste dans la *reconnaissance* dont il lui arriverait de jouir ou de bénéficier. C'est même plus que cela : ce qui justifie sa qualification est surtout la reconnaissance qu'elle *désire* obtenir ou qu'elle *croit* légitime d'obtenir en raison de ce qu'elle est, de ce qu'elle fait, ou de ce qu'elle dit qu'elle est et qu'elle fait.

Je disais il y a un instant que ce cinquième moment de la Définition lui conférait une extension maximale. On comprend mieux pourquoi : il suffirait de *prétendre* à la reconnaissance pour se voir conférer, sans autre forme de procès, le statut d'artiste. Il n'y a pas là seulement un cercle : il s'agit d'un véritable paradoxe, s'il est vrai que l'on peut et que l'on doit être considéré comme artiste *avant même d'être reconnu comme tel*, étant donné, donc, que la *prétention* du sujet à la reconnaissance est censée devoir primer la reconnaissance *objective* et *effective* que les autres pourraient lui octroyer à l'occasion.

Serait-ce alors à cette paradoxie, si surprenante et critiquable qu'elle soit, d'assurer la légitimation de la qualification d'artiste ? Mais dans ce cas, n'arrive-t-on pas à la conclusion qu'il n'y a jamais que l'artiste lui-même qui puisse s'autoriser à se qualifier d'artiste ? Et si tel est bien le cas, ne s'est-on pas empressé d'emprunter des détours inutiles pour finir par admettre, probablement de guerre lasse, que l'artiste est toujours souverain en matière de légitimation, que dans son cas, et peut-être dans ce seul cas, l'unique légitimité qui vaille est l'auto-légitimation (autant dire : la non-légitimation) ?

Mais qui peut se satisfaire d'une pareille conclusion ? Accepterait-on que l'on indexe le statut que cette nomination entraîne sur l'expression, toujours en apparence arbitraire, d'un pur *wishful thinking* ? N'y aurait-il donc rien *du côté de l'objet* (soit du côté de l'essence même de « l'art », soit du côté de l'œuvre d'art conçue comme « résultat », soit encore du côté de l'œuvre d'art conçue comme « processus », c'est-à-dire comme *travail* effectué par toutes celles et tous ceux qui participent de près ou de loin à ce que l'on a coutume d'appeler le « monde de l'art »), n'y a-t-il vraiment rien d'objectivement constatable qui puisse non seulement raffermir mais achever de légitimer ce procès en légitimation de l'artiste, qui paraît sinon entièrement prisonnier d'un point de vue *subjectif*, pour ne pas dire de ce caprice que représente un simple souhait ou un simple désir de « reconnaissance » ?

On pourrait m'objecter que j'accorde trop d'importance à la Définition de l'artiste, qui décide normativement de qui exactement « artiste » serait le nom. Et l'on aurait sans doute raison. Mais je ne suis pas sûr qu'une autre définition normative nous mènerait à des conclusions différentes. Je crois même – et je voudrais qu'on me l'accorde avant que j'essaie de m'expliquer davantage – que la Définition choisie est, aussi bien dans sa lettre que dans son esprit, *parfaitement représentative* et de la condition et du statut que l'« on » souhaite assigner *aujourd'hui* (je souligne *aujourd'hui*) à l'être-artiste de l'artiste.

Aussi, à l'issue de cette première analyse, conclurai-je ceci : double me semble être l'intérêt de la Définition retenue. Non seulement, sous une allure de proposition constative, elle *norme* la prescriptive qu'elle enveloppe secrètement ; mais elle *nomme* aussi, en la désignant par les mots clés de « reconnaissance » et de « recherche de la reconnaissance », la modalité requise *aujourd'hui* pour qu'il y ait légitimation de l'artiste. Incidemment, et au regard de cette désignation, on s'aperçoit pourquoi toute tentative de dé-légitimation de l'artiste passe désormais, au vu et au su de tous, sans détour ni vergogne, par un *déni* de reconnaissance, lequel déni traduit toujours un profond *mépris* pour ce qu'il est ou ce qu'il fait.

Encore faut-il se garder de confondre mode de légitimation et instance de légitimation. En effet, s'il nous est bel et bien indiqué ce qu'est supposée effectuer l'instance de légitimation pour justifier l'appellation « artiste » – à savoir *reconnaître* l'artiste jusque dans son propre *désir* de reconnaissance –, nous ne savons pas encore ce que doit être cette instance. Je reposerai donc la question : quelle est (ou qui est) l'instance de légitimation *aujourd'hui* ?

Revenons à l'axiomatique proposée par Lyotard. Et répétons, pour nous le remettre en mémoire, ce qu'énonce la phrase prescriptive, cette phrase en quoi peut être traduite la Définition sur laquelle j'ai proposé que l'on prenne appui et qui n'est constative ou descriptive qu'en apparence.

La prescriptive dit ceci : pour qu'un artiste ait le *droit* d'être nommé, qualifié et considéré comme tel, il lui est obligatoire (il a le *devoir*) de créer une œuvre d'art *ou* de participer en qualité d'interprète à la création ou à la recréation d'une œuvre d'art ; mais pas seulement : il lui est tout aussi bien obligatoire (il a également le devoir) de contribuer au développement de l'art et de la culture en général ; sans compter qu'il lui incombe en outre d'être reconnu ou de chercher à l'être en tant qu'artiste précisément.

Telle est la prescriptive. Qu'en est-il, sur cette base, de la phrase normative ?

La normative dit ceci : c'est une norme édictée par *y* que doit être considérée comme artiste toute personne susceptible d'appliquer à elle-même tout ce qu'énonce la phrase prescriptive, c'est-à-dire toute personne qui s'accorde à l'idéaltype dont la Définition dessine les contours.

Qui donc est cet *y* ?

Il serait bien trop simple – et sans doute bien trop court – de répondre : c'est l'auteur de la Définition, soit en l'occurrence un comité d'experts désigné par les instances dirigeantes de l'Unesco. Car si l'on se satisfaisait de cette réponse, on s'entendrait dire aussitôt que cet *y* lui-même, cette instance de légitimation donc, exigerait d'être légitimée à son tour par un *y'* (un autre comité d'experts ?), et ce *y'* également, selon toute vraisemblance, par un *y"*, en suivant ainsi le fil d'une régression à l'infini...

À l'infini, vraiment ? Eh bien, non, précisément ! Car la Définition est construite de telle sorte que la légitimation de la qualification de l'artiste y trouve justement son ultime fondement – comme aussi sa limite – dans ce « milieu » que la phrase prescriptive désigne – et désigne *doublement* – en son milieu, à savoir ce qui y est appelé : « l'art et la culture ». Comment ne pas voir en effet que c'est à l'art et à la culture, et surtout à leur « développement » simultané, si ce n'est conjoint, qu'il revient de légitimer *en toute dernière instance* la qualification en question ? C'est là, je crois, la première leçon que la Définition nous appelle à retenir.

Or, qu'un artiste soit censé se caractériser par sa contribution au développement conjoint de l'art et de la culture, qu'est-ce que cela veut dire ?

Il est vrai que l'on retrouve ici la présence efficiente d'une logique circulaire ou d'une pétition de principe – l'artiste « faisant » l'art de la même façon que l'art « ferait » l'artiste. Mais il ne faudrait pas s'en étonner outre mesure, et moins encore s'en offusquer, étant donné qu'il s'agit là de la marque la plus caractéristique du *principe d'autorité.* « L'autorisation autorise l'autorité », souligne à juste titre J.-F. Lyotard, toujours dans son « Mémorandum sur la légitimité » déjà cité, et cela signifie, dans le cas qui nous occupe et préoccupe, que c'est à l'énoncé (prescriptif) lui-même qu'il incombe de définir l'artiste comme la personne qui contribue au développement de l'art et de la culture ; autrement dit, c'est à cette définition-là qu'il appartient d'autoriser non pas l'artiste lui-même, mais l'art et la culture, à édicter une norme vouée à s'appliquer à un artiste en quête de « qualification ».

Certes, fut un temps – et quel temps : rien de moins que l'histoire de la modernité elle-même – où l'axe autour duquel tournait le cercle de la légitimation de l'artiste, où l'instance de légitimation elle-même avait partie liée avec l'art, et l'art seulement. Je veux dire avec l'*Idée de l'Art*, ainsi que la met en premier plan, pour la première fois, l'écrit le plus déterminant en matière de philosophie de l'art : la *Philosophie de l'Identité* de Schelling (1802). Fut un temps, en effet, où l'on a cessé de recourir aux règles du métier, ou aux conditions de la profession, pour justifier de cette identification. Ce temps, qui est celui de la surdétermination schellingienne, est aussi celui que Hegel aura jugé bon de placer sous le signe de la « mort de l'art », seul événement, disait-il, qui permette au règne de l'artiste de s'instaurer enfin, et indéfiniment, sur le fondement d'un concept de la création qui substitue au contenu objectif antérieur de l'œuvre d'art à la fois la recherche éperdue d'une forme d'originalité et la formule la plus singulière possible d'une pure subjectivité individuelle. (Voir, sur l'esthétique de Hegel surtout, Jean-Marie Schaeffer, *L'Art de l'âge moderne*, Paris, Gallimard, 1992, p. 171-228.) Mais ce temps – cette parenthèse nommée modernité donc – ne se confondait pas encore avec ce qui forme désormais notre lot : ce temps qui est le nôtre, où l'instance désignée par le syntagme quasi indémembrable « l'art-et-la-culture » assure à lui tout seul un statut légitime à cet artiste qui tire de son « propre fonds », chacun y allant de sa petite idée, aussi bien la forme que le contenu de son expression. Pour autant, et il convient de le signaler pour mieux en écarter l'idée, le lien étroit qui rapportait jadis l'instance de légitimation à l'Idée de l'Art exclusivement n'a rien à voir avec cette voie stérile (et judicieusement caractérisée par Sartre comme « névrotique ») que l'on a rangée, vers le milieu du XIXe siècle, sous la désignation de « l'art pour l'art ». Il y allait bien plutôt de cette voie royale que vise à indiquer l'expression frappée (certes sur le tard, mais toujours au nom de la modernité) au coin de la plus haute réflexion par le peintre américain Ad Reinhardt, de « *Art-as-Art* », de l'art *en tant qu'*art. (Sur l'importance et la signification de cette expression, voir Emmanuel Martineau, *La Provenance des espèces*, Paris, PUF, 1982, p. 62-65.)

Car telle est la modernité *de* l'art (de l'art en tant qu'art donc) que l'artiste pose désormais *dans* l'œuvre créée et *comme* cette œuvre créée elle-même, la question de son essence, cette essence de l'art étant devenue entre-temps identique à son *concept*. D'aucuns ont appelé cela « l'autoréférentialité » de l'œuvre d'art : l'art en tant qu'il met son propre concept « en relief » ou « en abyme » – c'est-à-dire dans les deux cas *en crise* – dans la forme de l'œuvre d'art, réduisant par là même le « contenu » de celle-ci à l'auto-affirmation de sa forme. Mais le fait est qu'il ne s'agit pas tout à fait de cela (à moins que l'on s'en tienne à un point de vue formaliste) ; il s'agit bien plutôt de donner une extension maximale à ce que Ad Reinhardt énonçait justement en ces termes : « La seule problématique, le seul principe, la seule crise de l'art au XXe siècle tourne autour de la pureté inconditionnelle de l'art et de la certitude que l'art émane uniquement de l'art et de rien d'autre » ; ce qui revient à dire que la modernité *de* l'art a ceci de singulier qu'elle dote l'œuvre d'art d'une essence « contemplative », au sens déterminé que Deleuze, relisant, lors d'un cours sur Leibniz, le *Traité 30* de Plotin avec *Process and Reality* de Whitehead, souhaitait donner à cette épithète. L'œuvre d'art moderne est de nature contemplative, au sens où elle se voue à *la contemplation de ce dont elle procède*, à savoir l'art lui-même, et elle renvoie ainsi, que ce soit par sa forme ou par son contenu, à sa propre origine, c'est-à-dire à ce « par quoi » ou à ce « par où » il y a telle ou telle forme d'art. Deleuze explique dans un cours prononcé à Vincennes le 17 mars 1987 (cf. www.webdeleuze.com) :

> « Chaque être, à son niveau, se retourne vers ce dont il procède. C'est ça, la contemplation. La contemplation, c'est la conversion. C'est la conversion d'une âme ou d'une chose vers ce dont elle procède. En se retournant vers ce dont elle procède, l'âme contemple. En contemplant elle se remplit. Mais elle ne se remplit pas de l'autre – ce dont elle procède –, ou de l'image de l'autre – ce dont elle procède –, sans se

remplir de soi. Elle devient joie d'elle-même en se retournant vers ce dont elle procède. Le *self-enjoyment*, la joie de soi, est le corrélat de la contemplation des principes. [...] n'est-ce pas ce que la Bible nous dit, quand elle nous dit que le lys et les fleurs chantent la gloire de Dieu ? Le lys et les fleurs chantent la gloire de Dieu, qu'est-ce que ça peut bien vouloir dire ? Est-ce une formule poétique ? Mais non. Chaque chose est une contemplation de ce dont elle procède. [...] Le rocher contemple le silicium, le carbone sûrement, le x, y, z, etc., dont il procède. Le blé chante la Gloire des cieux : ça veut dire que le blé est la contemplation des éléments dont il procède et qu'il emprunte à la terre. Et qu'il emprunte à la terre suivant sa propre forme, et suivant les exigences de sa forme, c'est-à-dire suivant son *feeling*. Les exigences de sa forme, c'est le *feeling*. [...] Traduisons en termes qui vous sont connus : chaque chose est contemplation de ses propres réquisits. Au lieu d'invoquer les grands principes néo-platoniciens, on invoque les conditions d'existence : chaque chose est contemplation inconsciente de ses propres conditions d'existence, c'est-à-dire de ses réquisits. »

Telle est pareillement l'œuvre d'art *moderne* : elle chante la gloire de « l'art » qui en elle se met chaque fois en œuvre ; elle contemple par là-même ses propres réquisits ; partant, elle se retourne sur tout ce dont elle procède et qui forme ses éléments constitutifs selon les exigences du registre sur lequel il lui arrive ainsi de les contempler. Derrière les signes d'autoréférentialité auxquels elle nous aura accoutumés, il faut savoir reconnaître la *conversion* de l'œuvre d'art, le retournement qu'elle effectue sur ses propres conditions d'existence. C'est ce geste, en elle, qui fait toute sa modernité. Ce qui revient à dire que la modernité de l'œuvre d'art tient au fait que l'art lui-même y jouit d'un *self-enjoyment* ; c'est l'âge où l'art ne cesse de jouir ou de vouloir jouir de son propre devenir, de sa constante métamorphose, de son éternelle transformation de soi.

Ainsi la modernité en général est-elle à considérer dans un sens plus spirituel qu'historique. Pour prendre un exemple, on dira qu'une œuvre de Sappho mérite d'être qualifiée de moderne si l'on réussit à montrer qu'elle se prend *soi-même* pour « contenu d'expression » – c'est-à-dire si l'on parvient à lier le sens de ce qui s'y dit au fait qu'elle se retourne sur propre réalité poétique, sa propre « provenance » ou « origine » *en tant que poésie*... Autant dire, et c'est bien sur cela que je voudrais porter l'accent, que ce mot de modernité dont on aura usé et abusé jusqu'à l'insignifiance désigne cette dimension de la création où il revient à rien d'extérieur à l'art lui-même, où il revient donc à « l'art en tant qu'art » d'endosser, par rapport à *l'être* de l'artiste comme au *statut* qu'il revendique d'avoir, le rôle d'instance de légitimation.

Mais la modernité, semble-t-il, a perdu de son attrait. Le temps où il appartenait encore à l'art, en tant qu'il se met lui-même en œuvre dans l'œuvre d'art, d'attester, mieux : de *prouver* l'être-artiste de l'artiste et, par cette attestation probante, de déterminer non seulement la *valeur* de ses œuvres mais aussi, et sans doute par ricochet, son *statut* en tant qu'artiste, ce temps est peut-être désormais révolu. En tout cas, la validité de *cette* logique grâce à laquelle on déduirait de la présence de l'art (voire de l'œuvre d'art qui met l'art lui-même précisément en œuvre) celle de l'artiste aura subi une *révolution fondamentale* avec l'entrée sur la scène artistique du *ready-made* de Marcel Duchamp. Et de cette immense révolution il n'est pas un artiste qui, quel que soit son mode de préoccupation, ne soit à présent tout à la fois le bénéficiaire et la victime.

À compter de cet événement décisif (le caractère décisif, voire, comme je l'ai aussi dit, « révolutionnaire », du geste duchampien doit notamment se mesurer au besoin de changement d'instance de légitimation qu'il aura vite fait d'entraîner), l'être-artiste de l'artiste ne pouvait plus se voir légitimer complètement par ce que l'artiste « produisait », c'est-à-dire par l'œuvre d'art *réalisée et signée de sa main*. Je dis « complètement », parce qu'avec Duchamp il retourne tout de même encore un peu de cela, la nécessité de *signer* « ce qui est fait » n'ayant pas été récusée dans son principe, même si la signature a pu renvoyer quelquefois à un « auteur fictif » (« R. Mutt », pour *Fontaine*, par exemple). (Ce principe a même été, depuis, renforcé au-delà du raisonnable, on verra plus loin sur quelle base.) Même s'il n'a pas périmé le principe de légitimation *objective* auquel s'était rangé jusqu'alors l'artiste moderne, on reconnaîtra aisément que le parti pris iconoclaste de Duchamp aura eu pour conséquence de le remettre très profondément en question, au point d'en fragiliser l'assise à l'extrême. D'ailleurs, Duchamp, le premier, eut l'honnêteté de l'admettre et d'en tirer des conclusions. À commencer par celle-ci : l'impossibilité de continuer à revendiquer pour son propre compte (à lui, Duchamp) le nom d'artiste. Ce nom d'artiste, Duchamp avait compris qu'il lui fallait, en bonne logique, l'abandonner aux seuls artistes qui persisteraient à créer leurs œuvres comme on l'avait fait dans le passé : manuellement. Alors que lui, pour avoir rompu avec cet héritage, devait s'arroger désormais, dans sa « vie d'artiste », une tout autre appellation et une tout autre qualification : le titre, choisi avec cette intelligence doublée d'humour qui le caractérisait singulièrement, d'« anartiste ».

Anartiste, cela veut dire deux choses à la fois. C'est d'abord le nom que l'on se prend à donner au non-artiste, c'est-à-dire en fait à un « artiste » (j'y flanque cette fois des guillemets) qui ne correspond pas, qui n'entend plus correspondre, à ce que l'on entend depuis un peu plus d'un siècle par ce mot, qui ne reconnaît donc ni ce qu'il fait ni ce qu'il est dans l'appellation légitimante et normative qui a cours à son époque. Mais c'est aussi, en plus d'être un nom établi aux fins de mettre en valeur un préfixe privatif (*an*-artiste), le titre qui revient à un *anarchiste* de l'art (*anar*-tiste), soit à un « artiste » (toujours les guillemets) qui, pour autant qu'il continue d'adopter les formes et les protocoles de l'art dont il se sait l'héritier pour mieux les subvertir, pour mieux en saper les fondements, appose ironiquement sa signature sur la surface d'un objet dont il ne répond déjà plus *personnellement* de la création matérielle ou formelle, car cet objet, outre qu'il soit préfabriqué, ou réalisé par un tiers issu de l'*artisanat* ou de l'*industrie*, possède un tout autre « usage » que celui d'une œuvre d'art, réputée sans emploi.

Ainsi l'anartiste désigne-t-il cet « artiste » qui s'efforce de s'affranchir du statut et de l'autorité de l'artiste en dégageant son être d'artiste de tout fondement légitimant, de tout principe de légitimation relatif à « l'art en tant qu'art », c'est-à-dire à cette *archè* que représentait alors la création en première personne d'une *œuvre* d'art. Mais s'il est bien celui qui se résout librement à se priver d'une telle légitimation, et cela parce qu'elle ne lui paraît pas le fruit d'une autolégitimation (ce qu'on ne peut lui contester), l'anartiste (qui n'est pas seulement un artiste libre, mais un artiste de la liberté) n'en est pas moins, en même temps, dans le geste même de son autoaffirmation ou de son autodétermination, un créateur au sens fort du terme : un créateur qui, sinon sur les décombres de « l'art en tant qu'art », du moins sur le fondement d'une très profonde remise en cause, *se crée lui-même en tant qu'artiste*, dont « l'œuvre » est donc sa propre affirmation de soi en tant qu'artiste, et qui se crée ainsi grâce au fait, quasi démiurgique, qu'il ne s'autorise que de lui-même. En ce sens, l'anartiste serait l'artiste même, l'artiste par excellence, celui dont l'être serait tout entier création, je veux dire à la fois créateur et créature. (J'aurai plus tard à revenir là-dessus.)

Toutefois, l'attaque portée par Duchamp à l'encontre de toute légitimation effectuée par l'existence de « l'œuvre d'art » dans son acception reçue jusqu'alors depuis le début des Temps modernes (où elle était considérée, de fait, comme ce composé de matière et de forme capable par son arrangement d'émouvoir non seulement par le sens qu'on lui attribue mais aussi, et surtout, par la beauté qu'on lui reconnaît, ce qui la rangeait dans la rubrique de « l'esthétique »), cette attaque n'a pas eu pour conséquence de tourner le dos à *toute* instance de légitimation, mais à en déplacer le lieu seulement. Car, en dépit de son apparente désinvolture, Duchamp continuait de rattacher l'instance de légitimation au geste de faire, de produire ou de créer, même s'il redéfinissait en même temps, et de fond en comble, la nature de ces actes. Pour Duchamp, en effet, à l'âge de la domination de la technique sur toute forme de production, et en raison de la « perte d'aura » subie concomitamment par l'œuvre d'art, comme l'avait analysé Walter Benjamin (cf. *L'Œuvre d'art à l'époque de sa reproductibilité technique*, trad. L. Duvoy, Paris, Allia, 2011), il n'y avait plus à attendre de création que de la part de la parole ou plutôt d'un « dire » qui serait en lui-même un *faire*. À Duchamp il a semblé, à tort ou à raison (la question pour l'instant n'est pas là), que si l'artiste ne pouvait plus créer en première personne quelque chose d'effectif, seul le pouvait encore un *discours performatif* ayant, non plus l'œuvre d'art, mais l'art lui-même pour objet. Il lui a paru clair comme le jour qu'en matière de création artistique, le discours, à supposer qu'il ait la possibilité de créer lui-même ce dont il parle, serait seul capable de produire non plus une œuvre d'art à proprement parler, mais un « événement artistique », un événement dont un être *singulier* (comme l'est par définition tout artiste) serait aussi bien susceptible de *répondre* (comme l'artiste l'a toujours fait au regard de son œuvre). Un discours, en effet, dont le plus remarquable des effets ne consisterait plus dans la transformation de la *forme* de l'objet (car il s'agirait encore là du vieux concept de création, qui définissait celle-ci comme la donation d'une forme à une matière déjà présente, quoique à élaborer), mais dans la transformation de la *fonction* de l'objet, cet objet ayant une forme et une matière bien déterminées ainsi qu'un usage socialement fixé. Cette opération en vertu de laquelle un objet déjà fabriqué (un *ready-made* pour mieux le nommer) en arrive à changer de fonction, c'est-à-dire de sens et de statut, cette opération qui vise à substituer au sceau de la technique (*technè*) celui de l'art (*poïèsis*), *alors que désormais tout, en cette civilisation, est fait pour les confondre*, cette opération, dont on doit l'idée au génie solitaire de Duchamp, est, dans sa performativité même, de l'ordre de *l'institution*, et de l'institution de *valeur*, qui plus est, et plus du tout, comme je l'ai dit, de l'ordre de la création hylémorphique et esthétique.

Et sa portée, de fait, est si grande que depuis Duchamp, et beaucoup grâce à lui, *légitimer* ne veut plus dire autre chose que *valoriser*. Valoriser non l'objet *stricto sensu* – cet objet dont la configuration est supposé engendrer du plaisir et de la beauté – mais le sens et le statut de celui-ci.

Seulement qui valorise ? Qui est autorisé à valoriser ? Autrement dit, qui autorise l'autorité ?

Mais j'entends une voix me dire : ce débat n'est-il pas tranché depuis longtemps ? Ne cherche-t-on pas depuis, et surtout depuis que le siècle a changé de numéro, à soumettre les artistes à la dictature des « experts » en matière artistique, à ces spécialistes de « l'évaluation » qui, dans le milieu des beaux-arts, ne prennent pas par hasard le nom de « commissaires » (n'est-ce pas ainsi que l'on appelle des fonctionnaires de police ?), ces évaluateurs patentés décidant alors, sur une base dont on ignore très souvent la nature, de qui mérite le nom d'artiste et de qui ne le mérite pas ?

Ne nous énervons pas. Je n'en suis, après tout, qu'au milieu du gué. Et je rappellerai en conséquence que la montée en puissance des « experts en art » est elle-même le fruit d'une histoire liée à la crise de légitimation de l'être-artiste de l'artiste. Aussi faut-il revenir à Duchamp et à la remarque que j'ai déjà faite, à savoir qu'avec lui, la crise de légitimation ne portait pas encore sur la question de la signature de l'œuvre d'art, cette signature demeurant en tout état de cause solidaire de la notion de création. C'est qu'à ses yeux, il y avait toujours lieu de parler de création : dans le contexte de l'absorption de l'art par la technique, et quand bien même la création de l'objet resterait séparée de sa production matérielle, l'idée de création ne disparaîtrait pas pour autant ; seulement elle concernerait désormais la seule *création de valeur*, cette création procédant en l'occurrence d'une déclaration à caractère performatif, c'est-à-dire de la nomination instituante : « Ceci est de l'art. » (Non pas tant « Ceci est une *œuvre d'art* » que « Ceci est *de l'art* » – la nuance est importante.)

Or, de la même façon que le grand théoricien de la performativité du langage, J.L. Austin, soustrayait l'analyse du performatif à l'autorité de la valeur de vérité, c'est-à-dire à l'opposition du vrai et du faux (proclamer « la séance est ouverte » ne fait pas de cet énoncé quelque chose de vrai ni de faux), Duchamp distinguait le performatif propre au « Ceci est de l'art » de tout rapport à quelque *contenu esthétique* que ce soit, à la différence entre le beau, le laid et le sublime, par exemple. Si, de son point de vue, un urinoir produit anonymement et industriellement peut être qualifié d'œuvre d'art, ce n'est pas en raison de sa beauté ni de sa laideur, mais parce qu'en plus d'être destitué de sa fonction première (ce dont témoigne sa position renversée sur le socle), cet objet est *décrété* relever « de l'art » (ce dont témoigne la signature tracée sur un côté de la porcelaine : « R. Mutt », l'acte de signer demeurant un des principaux traits d'identification de l'œuvre d'art comme telle).

Dire donc, face à un objet, « Ceci est de l'art », cela revient toujours à *faire œuvre* – et à faire œuvre *d'art* –, alors même que cet objet n'est pas réalisé, ni matériellement ni formellement, par l'artiste lui-même. Chez Duchamp, et quoi qu'il ait souhaité exprimer à tel ou tel moment de son aventure, c'est encore l'existence de l'œuvre d'art qui sert d'instance de légitimation à l'être-artiste de l'artiste, celui-ci fût-il rebaptisé *anartiste*. La valorisation de l'objet, pour autant qu'elle le hisse au rang d'« œuvre d'art », cette valorisation qui résulte de son *institution* et, subséquemment, de son institutionnalisation, c'est cela qui légitime en retour l'être-artiste de l'artiste. Autrement dit, de la performativité de l'appellation « Ceci est de l'art » découle la validation de la nomination « artiste », les deux continuant de reposer, avec Duchamp, sur un pouvoir de *création*.

Et pourtant, le fondement de cette légitimité n'en a pas moins été ébranlé dans ses assises traditionnelles ! Que ce coup de force soit à l'origine d'un déplacement considérable, rien ne le manifeste mieux que ce propos de Duchamp : « L'art ne m'intéresse pas, ce sont les artistes qui m'intéressent » – le nom d'« artiste » qualifiant non plus le producteur de l'objet mais son *regardeur*, puisque ce sont ces regardeurs justement qui l'instituent dans sa *valeur* d'œuvre d'art et lui donnent ainsi le sens d'être « de l'art ». (« Ce sont les regardeurs qui font les tableaux », dit un autre aphorisme célèbre de Duchamp.) De sorte que ce qu'il importe, je crois, de retenir ici, c'est que le geste « anartiste » de Duchamp, ce geste uniment anarchique et artistique, exprime à lui seul la réaction que *l'art* s'est senti obligé d'opposer à la reproductibilité technique de *l'œuvre d'art* et à sa « perte » consécutive d'« aura ». Et cela tant et si bien que pour assurer la légitimation de l'artiste, on ne devait plus regarder du côté de l'œuvre elle-même (ses caractéristiques étant désormais indifférentes pour qu'on lui confère statut d'œuvre d'art) mais du seul côté de la *puissance créatrice* – en l'occurrence celle dont participe un discours établissant une valeur. À moins qu'il faille, dans l'espoir de conjurer le caractère arbitraire de cette création de valeur, s'en remettre au jugement non moins performatif d'une instance de légitimation *extérieure,* comme le serait, par exemple, le décret de tels ou tels « institutionnels » ou le diktat de tels ou tels « intermédiaires » du « monde de l'art », ainsi qu'on le voit de nos jours fleurir un peu partout.

J'indique d'ailleurs en passant que « l'intermédiaire » diffère de « l'intercesseur » ou du « passeur » en ce qu'il tire profit, à la fois matériellement et symboliquement, du « passage » qu'il établit, facilite ou opère. Premier bénéficiaire de la « circulation » qu'il tente, si légèrement parfois, de réguler en sa faveur, il administre à la croisée des dépôts et des consignations, ou plutôt des suppôts et des assignations, ce qu'il est convenu d'appeler l'art contemporain, pour autant que cet art se distingue de l'art moderne ; il en est de ce fait l'incontournable figure tutélaire, le gendarme souverain, le régent inamovible, farouchement jaloux de ses prérogatives et de ses privilèges, même si, tout bien considéré, il n'est que la cheville ouvrière d'un *discours* qui le dépasse et dont il ne soupçonne même pas la nature, quand ce n'est pas la portée. Ainsi que l'explique Nathalie Heinich (*Face à l'art contemporain*, Paris, L'Échoppe, 2003, p. 10-11) :

> « Ce qui fait l'art contemporain, c'est l'insertion dans le réseau de l'art contemporain. Littéralement : être de ce monde est la condition pour qu'existent les objets – les choses, les images – qui en forment les

bornes, les repères, les balises – mais pas les buts, pas les objets au sens de but et de fin de l'activité. Les objets – les œuvres – n'y sont que les instruments de la circulation des personnes. Pas question de s'y arrêter, pas question d'attendre qu'ils nous arrêtent, puisqu'ils sont là pour nous faire circuler d'un nom propre à l'autre, d'une histoire à une autre… »

Cet état de fait commence de produire ses effets au lendemain de la Deuxième Guerre mondiale, quand les cartes duchampiennes sont rebattues et redistribuées. Dans ce contexte, Joseph Beuys placera la source de légitimation de l'artiste dans sa force de création ; mais contrairement à ce que pensait Duchamp, cette force, de son point de vue, ne se réduisait pas seulement, ni même d'abord, au dire performatif de l'artiste. Non seulement la force de création de l'artiste produit tout autre chose qu'un simple décret instituant, mais elle ne relève pas de son être-artiste, ni donc de proche en proche de l'art lui-même, mais de l'humanité même de l'homme. Pour l'artiste allemand en effet, *der Mensch ist das Kreativ Wesen*. Reprenant à sa façon l'axiome hégélo-marxien « l'essence de l'homme est le travail », Beuys déclare qu'il n'appartient pas seulement à l'artiste mais à l'homme en général d'avoir la « créativité » pour essence. « Créativité » n'est cependant pas un synonyme de « performativité » ; c'est le nom que Beuys donne à la capacité psycho-physique propre à l'être humain de produire – Beuys dit même de *créer* (il n'évite pas ce verbe, tout au contraire) – ses propres *conditions de vie*. Pour être créatrice, cette essence « capacitante », ce pouvoir essentiel, vital, incontournable, fait alors de *tout* homme un « artiste ». Un artiste en acte comme en puissance…

On comprend sans doute qu'en affirmant cela Beuys ne faisait rien de moins que déplacer à son tour l'instance de légitimation, laquelle reflue de la sphère du langage, du discours performatif, à celle de l'action muette, de l'agir corporel, cet agir corporel étant lui-même considéré *indépendamment* de ce à quoi il donne forme et lieu – donc dans le droit-fil du basculement duchampien. Ce faire sans corrélat proprement esthétique, ce faire qui n'est « artistique » que parce qu'il est tout d'abord « créatif » et/ou « productif », voilà ce qui en principe, et en tant que principe, devrait légitimer la fonction artiste, ce qui devrait assurer à l'artiste sa qualification.

Le « modèle Beuys » est celui dont dépend le fait que l'instance justifiant la qualification d'artiste relève tout entière de sa seule *force productrice* – force physique et psychique – sans égard pour l'œuvre que cette force a été amenée à produire réellement.

Qui désire comprendre où l'on en est aujourd'hui quant à la définition normative de l'artiste doit considérer ce modèle comme crucial.

Certes, il n'est pas de production sans qu'il y ait modification formelle ou transformation matérielle. Mais Beuys ne s'intéresse pas à cela, car lui aussi pourrait dire, avec Duchamp, « l'art ne m'intéresse pas, ce sont les artistes qui m'intéressent ». À ceci près que pour lui le mot « artiste » ne désigne pas les *anartistes* chers à Duchamp, mais *tout être humain*, soumis, en raison de son insurmontable finitude, à cette première condition de vie qui consiste à devoir produire (à devoir d'abord s'approprier, puis élaborer) ses propres moyens de subsistance. Des moyens qui sont, de ce fait même, des conditions de *survie* plutôt que d'existence, comme en témoignent du reste (je veux dire : comme le représentent et le symbolisent très bien) toutes ces accumulations de graisse et de feutre présentes dans de très nombreuses installations de Beuys.

Et si de son axiomatique Beuys déduit en toute logique qu'il n'est pas d'hommes qui ne soient artistes en raison de leur essentielle créativité, et qu'il n'en est pas non plus qui ne le soient en acte comme en puissance et selon leurs capacités psychiques et physiques, il en déduit tout autant que l'art n'a rien d'une *profession*. C'est sa façon à lui d'inscrire l'être-artiste de l'artiste dans la sphère de la « nature » plutôt que dans celle de la « culture », c'est-à-dire de déclarer que l'art se dresse sur le même plan que la vie – cette vie que l'on éprouve dans le déploiement intérieur de sa force corporelle de travail et dont dépend toute création de valeur, qu'elle soit d'usage ou d'échange.

Ainsi, pour Beuys, seule la puissance qu'il appelle *créativité* et qui mobilise, pour parvenir à ses fins, le corps et l'esprit *indistinctement*, seul ce *Kreativ Wesen* est à même de pouvoir remplir par rapport à l'artiste le rôle d'instance de légitimation.

Pourtant, c'est là où le bât blesse. Car enfin, si tout le monde était artiste, personne ne le serait vraiment. Ou plutôt : si l'instance de légitimation de l'artiste participait de la nature et plus particulièrement de la nature de l'homme – c'est-à-dire, pour être encore plus précis, de la réalité d'un corps vivant et œuvrant (*wirkende Leib*) dont l'essence, dont l'essentiel de la vie, comme on pourrait aussi le dire, réside dans le fait qu'il lui est nécessaire de créer (de produire et d'élaborer) les moyens de sa subsistance –, si donc l'instance de légitimation de l'artiste avait trait à la Nature, alors l'Art (cette détermination sans laquelle il ne serait plus possible de conférer à quiconque le nom d'artiste) ne manquerait plus de se résorber, de se dissoudre dans cette Nature supposée pourtant, depuis toujours, je veux dire selon son concept, être *différente* de l'Art… Dans cette collusion qui vise en fait à dissimuler le litige *originel* qui met aux prises l'art avec la vérité, Beuys ne voit, pour sa part, aucun risque quant à la caractérisation de l'artiste. De son point de vue, l'instance de légitimation de ce dernier n'est pas à situer du côté de ce que l'artiste *fait*, ni du côté de ce qu'il *dit* qu'il fait, mais du côté de ce qu'il *est*. Et cela à telle enseigne que si l'on néglige ou refuse de se tourner vers cet « être », si l'on ne fait pas fond sur cette nature qui est d'abord celle de l'être humain, il ne sera peut-être plus possible – vu la crise ouverte dans laquelle le sens de l'art, sa finalité, son statut et sa fonction ont été plongés depuis près d'un siècle – d'assurer une quelconque légitimité à l'artiste. Mais, et c'est ce que tout un chacun peut aisément présumer, la prescription de Beuys n'en demeure pas moins problématique *au regard de l'Art et de son essentielle différence d'avec la Nature, au sens de ce qui existe sans le concours de la décision humaine*, à tel point d'ailleurs que, face à cet « échec », à supposer qu'il ne soit pas trop injuste de l'appeler ainsi, la question qui nous occupe et préoccupe ne peut que se reposer à nouveau : en dehors de sa « performance », où faudrait-il situer l'instance de légitimation de l'être-artiste de l'artiste ? À qui ou à quoi en confiera-t-on la garde ?

Telle fut la réponse qui, au plan historique, aura servi à colmater la brèche : au lieu de se situer dans le dire performatif (Duchamp) ou dans l'être performant (Beuys) du sujet créateur, il valait mieux que l'instance de légitimation de l'artiste se situe uniquement dans *ce qu'il dit qu'il est.* Ce modèle d'instance de légitimation où le dire performatif, qui s'est déjà détourné de l'objet, se tourne désormais vers l'être performant et cela afin de le produire lui-même en tant que sujet créateur, en tant qu'« artiste », ce modèle, je l'appellerai : *le modèle Yves Klein.*

C'est en demeurant fidèle à Duchamp que Klein a en effet inscrit l'instance de légitimation dans l'ordre du discours performatif. Mais il s'est séparé de lui en substituant à l'énoncé objectivant : « Cet objet *est* de l'art » l'énoncé subjectivant : « Ce sujet *est* un artiste ». À moins qu'en privilégiant ce dernier énoncé il n'ait été plus duchampien que Duchamp, s'il est vrai, comme j'ai déjà eu l'occasion de l'indiquer, que ce dernier se disait, comme Beuys, plus intéressé par les artistes que par l'art…

Et cependant, la singularité de la position de Klein, en tant qu'elle dessine une *troisième figure* de la légitimation, consiste à faire obstacle aux généralisations anthropologiques de Beuys. Klein n'a eu de cesse de vouloir établir un facteur de discrimination. Aussi son énoncé performatif est-il à entendre de la façon suivante : « Celui-ci est un artiste, *alors que* (ou *parce que*) cet autre ne l'est pas. » En d'autres termes, la mise en relief d'une instance de légitimation de l'artiste est étroitement liée, dans le modèle Yves Klein, à un enjeu de *distinction.* Alors que Beuys avait renoncé à toute distinction subjective, Klein s'y attache au contraire, prolongeant ainsi, mais à sa façon, le geste duchampien. Si, à la suite de Duchamp, Klein continue à porter son dévolu sur une axiomatique performative, force est de constater qu'il l'applique au seul sujet et non plus du tout à l'objet, comme chez Duchamp. – *Par décret, je me crée en tant qu'artiste* : voilà comment pourrait se résumer l'idée qui préside à la nouvelle identification de l'instance de légitimation dont Yves Klein est, selon moi, l'emblème. Cette idée concerne la création de l'artiste – non au sens subjectif mais au sens objectif du génitif. Car il s'agit bien là d'une autocréation de l'artiste en tant qu'artiste.

À cet égard, la déclaration suivante de Yves Klein prend valeur de paradigme :

> « Je serai un peintre. On dira de moi : c'est le peintre. Et je me sentirai un peintre, un vrai justement, parce que je ne peindrai pas, ou tout au moins en apparence. Le fait que j'existe comme peintre sera le travail pictural le plus formidable de ce temps. »

Bref : quand dire c'est être... et quand être c'est sentir, se sentir tel ou tel... Tel est le *cogito* de l'artiste moderne, selon Yves Klein : *Je suis ce que je dis que je suis.* Je suis artiste tant que je dis de moi que je le suis ; et si l'on dit aussi de moi que je le suis, je le serai plus sûrement encore ; en tout cas, je suis artiste parce que je l'ai proclamé moi-même ou qu'on l'a affirmé de moi – et cela sans qu'il m'ait fallu prouver quoi que ce soit d'autre que « le fait [même] que j'existe »...

Dans ce contexte, mérite donc le nom d'artiste toute personne qui *se déclare artiste*, qui s'affirme comme tel et qui parvient, par la grâce de cette affirmation de soi sur soi, et à la faveur de cette déclaration (déclaration d'intention ?), à se doter d'une dignité, d'une qualité, d'une autorité, d'une fonction et d'un statut, bref, à *s'inventer* pour soi-même et face au monde son propre *être*-artiste.

Faisons brièvement le point.

Alors que Duchamp instancie l'être-artiste sur un *dire* qui est un *faire*, et que Beuys instancie l'être-artiste sur un *faire* qui n'est pas un *dire*, voire sur une essence de l'homme, sur une « naturalité » supposée s'épuiser dans un *produire sans phrases*, Klein, lui, pour avoir tiré la leçon des propositions antérieures et de leurs limites respectives, instancie l'être-artiste de l'artiste sur un *dire* (sur l'artificialité d'un dire, sur un discours monté de toutes pièces, sur un discours de fiction, lui-même donc objet d'art), un *dire* tout aussi performatif que celui dont les effets ont pu fasciner Duchamp, mais qui s'épuise, lui, tout entier, dans l'auto-proclamation de sa qualité d'artiste, c'est-à-dire dans son intention, voire sa *prétention*, à en devenir un.

Avec Duchamp, la performativité avait encore trait à l'objet, à la *matérialité* même de l'objet, même si l'accent portait moins sur ce plan objectal que sur celui du sujet « nomothète ». Mais avec Klein, la performativité finit par rompre les ponts avec l'objet au profit du seul sujet, de *l'immatérialité* même du sujet. Sans doute cette perspective avait-elle déjà été soutenue par Beuys, mais Klein en réalité la renverse. Pour l'artiste français, le sujet, loin de devoir être considéré dans son *être*, c'est-à-dire dans sa réalité psycho-physique, dans l'effort concret, aussi bien mental que corporel, qu'il déploie chaque fois pour produire ses conditions de vie, le sujet, dis-je, doit bien plutôt, pour Klein, être considéré dans son *devenir*, c'est-à-dire dans cette irréalité fictive en laquelle il lui est donné de pouvoir se projeter et, peut-être, le cas échéant, se transformer. Si nul n'est artiste en vertu de son *être* mais seulement de son *devenir*, ce devenir, lui, n'est autre qu'une *transformation fictive* de soi. En ce sens, il sera tout aussi juste de dire que l'œuvre d'art c'est l'artiste lui-même, et que l'art c'est quelque chose d'immatériel... (Sur tout ceci, voir Thierry de Duve, *Cousus de fil d'or : Beuys, Warhol, Klein, Duchamp*, Paris, Art Éditions, 2002.)

Pour conclure cette série de remarques je signalerai enfin que ces trois positions paradigmatiques ont été préfigurées décisivement, au tout début du XXe siècle, par la position de Paul Valéry – position personnelle, certes, mais qui s'est mise à l'unisson de l'époque, à moins que par anticipation, elle n'ait donné le *la* à son époque. Dans sa préface de *Monsieur Teste*, Valéry écrit en effet cette phrase-coup de gong que les trois artistes cités auparavant auraient volontiers contresignée : « Les résultats en général – et par conséquent les œuvres – m'importaient beaucoup moins que l'énergie de l'ouvrier. »

Pourquoi ai-je rappelé tout cela ? Quel rapport avec le problème qui nous concerne aujourd'hui au premier chef ?

C'est le moment, me semble-t-il, de retourner à la Définition analysée plus haut. Car si l'on s'en remémore les termes, on s'apercevra sûrement que les trois instances de légitimation dont je viens d'esquisser les contours – ces trois modèles représentés par les noms de Duchamp, de Beuys et de Klein, qui équivalent aux trois possibilités qui sont offertes aux artistes pour qu'ils s'identifient « légitimement » en tant qu'artistes – sont clairement, quoique indirectement, évoquées par la Définition de l'Unesco ! Sans y faire la moindre allusion dans le corps de la phrase, probablement sans le vouloir ni même le savoir, les auteurs de la Définition y ont dûment *intégré* les enjeux pratiques et théoriques des trois modèles « modernistes » dont elle apparaît pour ainsi dire comme l'ultime recombinaison. C'est en tout cas, au terme de ce trop long cheminement, ce qui me permettrait de justifier le choix de la Définition, si jamais il était besoin que je le fisse. Cette définition, en effet, a l'ampleur d'un paradigme. Je veux dire par là que la légitimation qu'elle entend signaler, voire produire, se trouve au moins justifiée sur un plan historique. Je voudrais indiquer pourquoi, et montrer aussi comment.

Je commencerai par souligner que dans ce que j'ai dit précédemment, j'ai donné au mot de « modèle » un sens bien plus conceptuel que temporel (ou historique). En effet, dans ce qui précède, ce terme ne désigne rien de moins qu'une certaine modalité de la détermination du concept de « légitimation de l'artiste », modalité qui entretient avec les autres modèles que ce concept enveloppe une relation proprement *dialectique*.

Car quand la Définition déclare que l'artiste est la personne qui crée une œuvre, ou qui participe par sa seule interprétation à la création ou à la recréation d'une œuvre (moments 1 et 2), il est difficile de ne pas penser à Marcel Duchamp – et plus précisément à sa volonté d'indexer l'être-artiste de l'artiste sur son pouvoir non seulement de

« participer » à une œuvre déjà produite (*ready-made*), mais aussi, et surtout, de donner valeur d'œuvre d'art à l'objet par le truchement de l'énoncé performatif (instituteur de valeur) : « Ceci est de l'art. »

Ensuite, quand la Définition stipule que l'artiste est celui qui considère sa création artistique comme un élément essentiel de sa vie (moment 3), il est difficile de ne pas penser à Joseph Beuys – cet élément essentiel de la vie renvoyant, pour l'artiste allemand, à la force vitale, créatrice, productive de ses moyens de subsistance, telle qu'elle caractérise l'essence même de cet « artiste » qu'est l'être humain en général.

Enfin, quand la Définition notifie que l'artiste est la personne qui se trouve être reconnue ou qui cherche à se faire reconnaître en tant qu'artiste, qu'elle soit liée ou non à une relation de travail ou d'association quelconque (moment 5), il est difficile de ne pas penser à Yves Klein, pour toutes les raisons que je viens d'exposer.

Et pourtant ! Quand bien même elle ferait cas des dernières et des plus décisives conceptions de la légitimation de l'artiste, la Définition ne s'en tient pas à cela uniquement. Elle ne se contente pas d'intégrer ces trois modèles. Ces modèles, si elle les évoque bien – et sans doute cette évocation explique-t-elle l'aspect méandreux et alambiqué de la Définition, le fait surtout que l'on ne sache pas très bien si c'est en extension ou en compréhension qu'elle entreprend de cerner son objet –, elle ne tente pas moins de les dépasser par l'adoption d'un *nouveau critère*. C'est qu'elle-même n'occupe pas le même temps que les trois modèles évoqués ont occupé ; elle occupe en vérité un tout autre temps : ce temps qu'à maintes reprises j'ai été conduit à appeler *Aujourd'hui*. Certes, pour autant qu'elle ne se contente pas des trois déterminations de l'être-artiste que j'ai distinguées ici par des noms d'artistes disparus, et dans la mesure où elle ajoute à ces trois paradigmes un quatrième, la Définition s'efforce de répondre à la question : de quoi, de qui, en toute légitimité, c'est-à-dire de façon normative, « artiste » est-il le nom ? Mais comme elle incorpore ces déterminations, comme elle intègre ces modalités paradigmatiques et les unifie singulièrement dans l'espace d'un seul et même énoncé, la Définition reconnaît en même temps que les artistes sont tous aujourd'hui non plus duchampiens, ou beuysiens, ou kleiniens, mais *les trois ensemble et simultanément.*

Peut-être me fera-t-on remarquer que depuis la mort de ces trois artistes, depuis que s'est instaurée l'ère de ce que l'on désigne par le nom de « postmodernité », beaucoup d'eau a coulé sous les ponts et de nouveaux artistes sont venus proposer d'autres définitions possibles de ce qui fait d'un artiste ce qu'il est. Je ne le nierai pas. Seulement la question qui m'intéresse ici n'est pas celle de la définition de l'artiste, mais celle de sa légitimation en tant qu'artiste ; autrement dit, la question est celle des critères sur lesquels repose publiquement la légitimité de l'artiste. Or, dans ce cadre strictement délimité, il ne semble pas qu'une nouvelle représentation de l'être-artiste ait réussi à détrôner celles dont j'ai tenté d'analyser le sens à l'aide de trois conceptions-modèles. Et s'il en fallait encore une preuve, les termes de la Définition retenue suffiraient largement à nous l'offrir.

J'insisterai plutôt sur autre chose. À savoir que si la Définition suppose que l'instance de légitimation concerne plus l'artiste (le « sujet ») que l'œuvre d'art (l'« objet ») – ce qui signifie déjà qu'elle appartient à la modernité, du moins à son inspiration fondamentale –, elle entend également *déjouer* la première et peut-être la plus grave conséquence qui découle d'une pareille décision. Je veux dire par là qu'elle tente de conjurer le danger qu'il y aurait à admettre que, dans le fond, et tout bien considéré, l'artiste n'est rien de plus que cet être qui a pour caractéristique de ne s'autoriser que de lui-même quand il s'agit pour lui de s'identifier. Et si je parle de danger, c'est parce que cette *liberté* constitutive, pour l'appeler par son nom, ne peut être que mortelle pour toute instance normative. En effet : aucune définition normative n'ira jamais sur ce terrain miné, puisqu'il n'est autre, ce terrain, que celui de l'abolition de toute norme, de toute normativité. Et sans doute est-ce là la raison pour laquelle la Définition, pour avoir mesuré un tel risque, ajoute, à titre d'articulation centrale, ce dernier critère : *la contribution de l'artiste à l'art et à la culture* (moment 4).

Ce critère, bon nombre d'artistes – et pas seulement des artistes – pensent qu'il est naturel, qu'il va de soi. Là aussi je ne le nierai pas. Ou du moins pas tout à fait. Car il ne fait pas l'ombre d'un doute que la chose est vraie pour ce qui est de « l'art » : on peut très bien comprendre que la Définition en vienne à parler d'art puisqu'elle vise au-delà d'elle-même à conférer une certaine réalité, une certaine qualité, une certaine autorité, bref un statut légalement conséquent à *l'artiste*. Mais qu'en est-il de « la culture » ? Que vient donc faire ici cette sacro-sainte entité ? Pourquoi est-elle invoquée au titre d'instance de légitimation ?

Dans les replis de cette question se cachent les raisons de mon propos. Nous voilà donc enfin arrivés là où je voulais en venir.

Il y a quelques années, dans un texte remarquable – et délicieusement polémique –, dans une « pique » intitulée : « Et pourquoi des artistes en un temps de culture ? », Philippe Muray citait un aphorisme de Nietzsche, tiré d'*Aurore*, qu'il me paraît à mon tour opportun d'évoquer pour tenter d'éclairer pourquoi la culture se mêle ici si naturellement à l'affaire. Nietzsche écrivait ceci (*Œuvres philosophiques complètes IV. Aurore. Fragments posthumes : début 1880-printemps 1881,* 1 [81], trad. J. Hervier, Paris, Gallimard, 1980, p. 308 ; cf. Ph. Muray, *Essais*, Paris, Les Belles Lettres, 2010, p. 769) :

> « L'art des artistes doit un jour disparaître, entièrement absorbé dans le besoin de fêtes des hommes : l'artiste retiré à l'écart et exposant ses œuvres aura disparu… »

Sans doute n'est-ce pas le lieu de s'engager dans une exégèse détaillée de cet aphorisme, une exégèse qui exigerait à tout le moins de le replacer dans le contexte de la philosophie de Nietzsche et d'en mesurer la portée relativement à ce que celui-ci appelle le « dernier homme ». Pour en prendre toutefois la mesure, je me contenterai de deux observations : l'une fort brève, l'autre plus longue. Je ferai tout d'abord remarquer qu'il n'est pas sûr que le sens que Nietzsche voulait imprimer à son propos aille tout à fait dans la même direction que celle où cherche à l'entraîner Muray. Loin de déplorer comme ce dernier le devenir-festif des sociétés modernes dites développées, Nietzsche y voit plutôt une chance de se débarrasser enfin des critères, des mots d'ordre et des mensonges *romantiques* qui visent à maintenir les artistes à l'écart de leurs contemporains, dans une fausse position de supériorité. Les deux principes : celui du retrait de l'artiste par rapport au monde et celui de l'exposition de ses œuvres sous une forme qui les assimilerait à des objets sacrés, ces principes dont Wagner est aux yeux de Nietzsche le représentant le plus funeste et le plus notoire, voilà qui ne devrait plus avoir droit de cité dans une société d'hommes libres, je veux dire libérés de tout esprit de vengeance. C'est ma première remarque. La seconde est qu'il convient malgré tout de prolonger les leçons de la lecture proposée par Muray de ce fragment posthume de Nietzsche, puisque le renversement de l'idéologie romantique et de la « posture » de l'artiste qu'elle défend, ce renversement que Nietzsche appelait de ses vœux, plutôt que d'avoir ouvert l'avenir au dépassement du nihilisme, n'a abouti qu'à une chose : le renforcer outrageusement, et à très grande échelle, en nous maintenant dans un état d'engourdissement permanent, afin de mieux nous en dissimuler les conséquences pernicieuses, les effets mortifères. Aussi importe-t-il, en dépit de ce que l'aphorisme de Nietzsche récuse quant au présent et souhaite quant à l'avenir, de souligner ce que nous-mêmes devrions retenir du passé. À savoir : qu'il fut un temps où, comme dit Nietzsche, « l'art des artistes » existait et que ce temps, que pour sa part Nietzsche espérait voir disparaître, a désormais bel et bien disparu. Mais au profit de quoi ? De l'art ou des artistes ? Des artistes sans art ou de l'art sans artistes ? Nietzsche aurait voulu que ce fût au profit d'un art qui ne soit plus seulement celui des artistes mais d'une humanité se dépassant elle-même, or il est arrivé tout autre chose : *notre temps est celui où les artistes ne doivent plus à la teneur même de leur art d'être ce qu'ils sont.* Tels sont les « artistes » *en un temps de culture*, selon l'excellente expression de Muray qui signifie par antiphrase (mais pas seulement) : *en un temps d'inculture, en ce temps singulièrement configuré où la Culture ne laisse pas de cultiver l'inculture*. Et c'est pourquoi cette formulation également inouïe, cette apparente redondance qu'est l'expression « l'art des artistes » doit être considérée par nous autrement que par Nietzsche : elle n'est rien de moins qu'une manière habile d'indiquer, avant disparition, avant liquidation, comme je devrais peut-être le dire, que « l'art en tant qu'art » ne joue plus le rôle d'instance de légitimation de l'être-artiste de l'artiste depuis que son Idée s'est dissoute dans le grand bouillon de culture de la culture de masse, de cette culture vouée non pas seulement à distraire les hommes de la dureté de leur condition, mais à satisfaire leur *besoin de fêtes*, pour reprendre l'expression de Nietzsche, dans un sens toutefois moins laudatif. Car ces fêtes, quelles sont-elles ? Ou plutôt que font-elles ? Elles épuisent tout leur charme dans l'étourdissement et l'abrutissement qu'elles engendrent, dans la cécité que leurs « esthétiques » provoquent – ce qui, n'en doutons pas, a une tout autre portée que le simple et inoffensif besoin de *divertissement* par quoi l'homme s'efforce généralement de tromper son ennui. En effet, ledit « besoin de fêtes » espère bien plus que tromper l'ennui : car ce qu'il vise essentiellement c'est à *tuer le temps*, ce temps qui ne se soutient que de sa *profondeur*, notamment en abolissant tout rapport vivant au passé entendu au sens du *legs*, toute relation spirituelle à notre propre héritage, à ce qui, sans que nous l'ayons jamais demandé, nous a été heureusement et universellement transmis.

Je me permets de le redire : l'aphorisme de Nietzsche mériterait de plus amples développements, à l'issue desquels nous en viendrions à redessiner le visage de notre époque et à nous demander si notre *Aujourd'hui* est ou n'est pas aussi vierge, vivace et beau qu'il le fut jadis aux yeux d'un Mallarmé contemplant au travers d'un somptueux voile orphique la figure de son temps. Tout ce que je puis dire dans le cadre du présent discours, et je me bornerai donc ici à ces maigres considérations, c'est que pour Philippe Muray, qui s'autorise *aussi bien à tort qu'à raison* de cette pensée de Nietzsche, tout porte à croire que nous avons fini par arriver à ce « jour », funeste s'il en est, où l'on ne peut que constater que « l'art des artistes » a disparu *corps et biens* (j'en souligne exprès l'expression), absorbé qu'il est tout entier dans le besoin de fêtes des hommes, c'est-à-dire (pour le dire dans le sens de Muray) dans cette *foire* universelle, dans ce chaudron criard et turbulent que l'on appelle *la Culture* avec un grand C, ainsi qu'on en trouve le signifiant en lettres dorées au fronton d'un ministère de la République.

« Nous y sommes, ça y est, dans ce temps d'extrême détresse de la liesse extrême », constate Muray. Mais cette détresse n'est en aucune façon le fruit du hasard : tous les signes avant-coureurs en avaient été lucidement mis en relief par Max Horkheimer et Theodor Adorno dès 1949, dans leur fameuse étude intitulée « La production industrielle des biens culturels » (*La Dialectique de la Raison,* trad. E. Kaufholz, Paris, Gallimard, 1974, p. 129-176) ; et la justesse du diagnostic qu'ils ont posé au lendemain de la dernière guerre mondiale, à savoir qu'« aujourd'hui la barbarie esthétique réalise la menace qui pèse sur les créations de l'esprit *depuis qu'elles ont été réunies et neutralisées en tant que culture* » (je souligne), a trouvé à se renforcer de décennies en décennies.

Les deux philosophes allemands notaient encore, bien avant que la déferlante du *culturel* ait eu raison de nos plus vieilles ambitions :

> « L'amusement est un bain vivifiant que l'industrie du divertissement prescrit continuellement. Elle fait du rire l'instrument du trafic frauduleux du bonheur. [...] L'industrie culturelle remplace par le renoncement jovial la souffrance inhérente à l'ivresse comme à l'ascèse. »

Le *renoncement jovial*, véritable enjeu de la Culture à majuscule, c'est-à-dire de la culture au sens de *l'industrie culturelle*, a pour finalité secrète la corrosion de tout esprit de résistance, autant dire de l'esprit même. Car dans l'espace occupé, voire saturé, par les produits de l'industrie culturelle, s'amuser signifie avant toute chose : « ne penser à rien, oublier la souffrance même là où elle est montrée » – et les philosophes allemands d'ajouter : « Il s'agit, au fond, d'une forme d'impuissance. C'est effectivement une fuite mais, pas comme on le prétend, une fuite devant la triste réalité ; c'est au contraire une fuite devant la dernière volonté de résistance que cette réalité peut encore avoir laissé subsister en chacun. »

Quant à Philippe Muray, il soutenait, pour sa part, que le besoin de fêtes des hommes, cette pulsion ou cette compulsion festive, cet appétit suprême de la « liesse extrême » qui définit le « culturel » dans tous ses états, et dont le premier effet consiste à dissoudre toute *négativité* dans le bain d'acide d'une distraction effrénée, d'une exultation sans fin, cette disposition sans trêve ni attaches qui assure sa pérennité à la « barbarie esthétique » dont parlaient si bien Horkheimer et Adorno, bref, cet artifice devenu peu à peu seconde nature a eu pour conséquence d'aspirer, d'éponger, de boire, de gober, d'avaler intégralement, comme on voudra le dire, *l'art des artistes*, et cela au point d'éteindre tout espoir de voir se reformer un jour (ce serait là un autre « jour ») *l'opposition dialectique de l'Art et de la Culture dont ne saurait d'après moi se passer toute création véritable, pas plus d'ailleurs qu'elle ne saurait se passer de l'opposition non-dialectique de l'Art et de la Nature.*

Or, si l'art des artistes a été absorbé sans reste ni réserve par l'alliance du Spectacle et de la Performance, par la machine de « production », par la lessiveuse festive, par la grande roue des « produits culturels » qui ne tourne, feux criards, sirène hurlante, que pour que ces produits reviennent toujours à la même place, alors il ne peut plus appartenir qu'au culte de la Culture – ce culte livré à distance de toute considération pour l'Art – de servir d'instance de légitimation à l'être-artiste de l'artiste. Désormais, dans ces conditions, et dans ce contexte post-historique comme l'appelle encore Muray, l'artiste, qu'il le veuille ou non, ne fait rien d'autre que *contribuer à l'épanouissement de l'industrie culturelle* – et cela, je m'empresse de le préciser, par le renforcement et l'extension indéfinis du *marché* de biens culturels où se joue à tout instant le drame de sa reconnaissance. Tant et si bien d'ailleurs que c'est de cette fonction et d'elle seule qu'il tire son *actuelle définition*, celle au regard de laquelle il affirme sinon son identité, du moins son autorité et son statut officiel. Que le mot de « contribution » dont la Définition fait grand cas paraisse singulièrement vague ne change rien à l'affaire ; c'est même tout le contraire, ce *flou* étant justement recherché dans la mesure où il lui appartient de pouvoir parachever, dans une confusion analogue à celle dont se soutient le *festif*, le mouvement de disparition de « l'art des artistes ».

Si les enjeux de la culture tiennent tant de place dans le cours de l'Histoire, c'est parce qu'ils *ajoutent* à l'Histoire bien plus qu'un supplément d'âme. Le temps qui est le leur peut encore se dilater au point de former de véritables « lieux de mémoire » auxquels ne laissent pas de venir se ressourcer les peuples comme les individus. Mais ces lieux sont devenus milieu – un milieu que la mémoire a déserté. Car le monde de la culture n'est justement pas celui de la Culture avec un grand C ; la culture n'est pas le culturel. Celui-ci est tel qu'il réclame sans cesse, depuis les rives de l'acculturation où il a dressé son théâtre, le droit de disposer de l'Histoire comme il l'entend ou comme il le désire, ce qui ne peut que faire violence à la mémoire des vivants et des morts, quand cela ne leur tourne pas tout simplement le dos. Le temps de la Culture (du « culturel ») se caractérise en effet par le fait qu'il se resserre chaque fois autour d'un point : l'instant présent, dont la ponctualité et la fugacité exigent la récurrence et supportent le répétitif débilitant de *l'excitation*, c'est-à-dire de la fête au seul sens du festif. Comme Adorno et Horkheimer l'avaient déjà noté :

> « La totalité de l'industrie culturelle [...] consiste en répétitions. Le fait que ses innovations caractéristiques ne sont jamais rien de plus que des améliorations de la production de masse n'est pas visible de l'extérieur du système. C'est avec raison que l'intérêt de nombreux consommateurs s'attache à la technique et non aux contenus creux répétés opiniâtrement et déjà à moitié discrédités. »

Quand disparaît « l'art des artistes », ces derniers ne sont plus considérés que comme les *chevilles ouvrières* de l'industrie culturelle. Dès lors « artiste » devient un synonyme, normativement légitimé par les « autorités culturelles » (il paraît qu'elles existent), de ce que l'on appelle également, dans le jargon de la Culture à majuscule, un « agent culturel ». Agent culturel, cela veut dire : rouage de la machine sociale, comme tel dé-singularisé, et qui, grâce à la position qu'il occupe à telle ou telle place de l'échiquier social, se montre garant de son efficace, de son bon fonctionnement. Aussi, de la Culture à majuscule, l'artiste se contente-t-il de ne plus être qu'un élément de son inconsistante consistance… *A contrario*, quiconque refuse ou récuse le statut d'« agent culturel », quiconque rechigne à « jouer le jeu » de la Performance et du Spectacle, se prive *de facto* de la possibilité de jouir de l'appellation d'artiste – toute autre définition ayant été invalidée. Il faut croire que dans le capitalisme avancé, comme dirait Adorno, de la légitimation normative à la normalisation la conséquence est toujours bonne…

Il y en aura toujours pour contester que « nous y sommes », comme Muray, lui, le prétend du haut de sa prédication grinçante – et je pense que moyennant quelques réserves ils n'auraient pas complètement tort. Sans doute aussi, face à l'absorption de l'Art par la Culture ou plutôt face à la résorption de l'un dans l'autre, il en est d'autres qui refuseraient d'en conclure que « l'art des artistes » est quelque chose de parfaitement révolu, c'est-à-dire quelque chose qui est passé à la trappe festive sans plus de récupération possible. Mais ces points de vue seront de peu de poids tant que l'on ne s'avisera pas de trouver une réponse à cette redoutable question : où est donc passé ce que, pour expliciter le sens qu'il entendait donner lui-même à l'expression nietzschéenne « l'art des artistes », Muray a eu l'audace de nommer dans son texte : « *le génie diviseur, séparateur et désagrégateur des arts* » ? Notre monde a-t-il encore les moyens de faire une place à *cela* ?

On a beau dire, mais sous le règne du marché des « produits » artistiques, autrement dit sous la loi du capitalisme culturel, l'indistinction sera toujours préférable à la division, la communion à la séparation, et la fusion à la désagrégation. Ces préférences sont devenues presque impossibles à contester, tant elles paraissent chevillées au corps de la démocratie. Après tout, nous voilà tous les mêmes – et tous logés à la même enseigne – sous les flonflons de la fête. Tous à l'unisson les uns des autres. Tous rassemblés pour le meilleur, c'est-à-dire pour la joie du « partage », le bonheur de la « juste répartition ». Pourquoi diable ferions-nous grise mine ?

Voici pourtant ce que prophétisaient, et avec quelle lucidité, les auteurs de *La Dialectique de la raison* :

> « Dans l'industrie culturelle, l'individu n'est pas seulement une illusion à cause de la standardisation des moyens de production. Il n'est toléré que dans la mesure où son identité totale avec le général ne fait aucun doute. [...] c'est uniquement parce que les individus ont cessé d'être eux-mêmes et ne sont plus que les points de rencontre des tendances générales qu'il est possible de les réintégrer tout entiers dans la généralité. »

C'est ainsi que le consumérisme, à supposer qu'il représente la fête par excellence, ou l'excellence de la fête, nous conduit subrepticement, et non sans perversité, à renforcer « l'affinité qui existait à l'origine entre les affaires et l'amusement » et qui se manifeste aujourd'hui tout particulièrement « dans les objectifs qui lui sont assignés » et dont on doit reconnaître qu'ils visent tous, en tout dernier ressort, à « *faire l'apologie de la société* », comme l'écrivent Horkheimer et Adorno sous la forme d'un verdict sans appel auquel, pour ma part, je ne peux que m'associer sans réserves. Il y a là comme un enjeu d'essence : l'art ne fait *jamais* l'apologie de la société ; la culture, elle, la fait *toujours*.

Au demeurant l'industrie culturelle dans sa diversité ne saurait se réduire à la promotion publicitaire de ses produits par laquelle elle entend répondre à l'injonction dont se soutient ce qu'il est convenu d'appeler la loi du marché, c'est-à-dire le « toujours plus » de la création/destruction de richesse. Car avec elle il s'agit aussi, il s'agit même d'abord et surtout de ce qui garantit le « toujours plus » de notre *jouissance*. La Culture s'érige en effet d'une manière telle qu'en cherchant à satisfaire au besoin de fêtes des hommes, c'est-à-dire au fond à cette double compulsion, attisée par les sociétés dites développées, de *consommer des choses* et de *consumer des causes* – je veux dire par là : de sacrifier à la Cause de leur désir, donc à la jouissance des objets-causes de désir –, elle ménage objectivement l'accès à un *plus-de-jouir* – ce que l'art, à Dieu ne plaise, ne se sera jamais contenté de faire ! –, et cela en appliquant scrupuleusement, et à la lettre, l'axiome du capitalisme dont Lacan évoquait autrefois la teneur en parlant de « la production extensible, donc insatiable, du manque-à-jouir » (« Radiophonie », *Autres écrits*, Paris, Seuil, 2001, p. 435).

Mais, dans ce cas précisément, vouloir légitimer l'être-artiste de l'artiste en invoquant le « développement » impérieux (à défaut d'être « durable ») de la Culture, n'est-ce pas risquer de contredire les autres aspects de la Définition ? Comment est-il possible de *concilier* le « critère » de la création artistique – ou de la *créativité*, pour le dire avec Beuys – avec celui de la « contribution » à la Culture ? Certes il serait aussi absurde de penser que *toute* création artistique est une contribution à la Culture que l'inverse. Mais peut-on aussi bien ne pas se demander si la création artistique (une fois que l'on s'est laissé requérir par ce que contient de plus abyssal cette locution aujourd'hui passe-partout) n'est pas comme telle une *négation* de cette seconde nature qu'est devenu pour chacun de nous ce qu'il est convenu d'appeler la Culture ? La création artistique ne consiste-t-elle pas je ne dirais pas dans tous les cas mais au moins dans le meilleur des cas, en une *insurrection* – qu'elle soit délibérée ou non réfléchie, cela en somme importe peu – *contre l'ordre établi de la Culture* ? N'est-ce pas contre la *fixation* de son système symbolique et axiologique que la création artistique se doit de tenter de s'imposer, au prix chaque fois d'un ébranlement plus ou moins décisif ? Sans doute « *art is what we do, culture is what is done to us* », ainsi que le disait le sculpteur minimaliste Carl André en une jolie formule visant à inscrire la Culture au champ de l'Autre. Mais si l'on devait tenir compte avec Horkheimer et Adorno que « l'industrie culturelle a tendance à incarner des déclarations faisant autorité et à apparaître ainsi comme le prophète de l'ordre existant », et situer en conséquence l'art-des-artistes aux antipodes d'un pareil prophétisme, il faudrait encore en conclure que tout créateur digne de ce nom n'a pas d'autre choix que d'*inventer son public* en même temps que ce qu'il présente à sa jouissance esthétique. Pour ma part, je n'ai jamais douté que c'est uniquement par l'adoption et l'assomption de ces vieilles – et toujours jeunes – questions que se définit la grandeur d'un artiste et que se fonde *a priori* sa légitimité (je ne dis pas sa légitimation) au regard bien moins de la société (qui est-elle donc en fin de compte sinon le support de « l'ordre existant » ?) que de lui-même.

Depuis les années 50, depuis cette époque qui, pour l'avoir suscité, a vu paraître le rapport d'Horkheimer et d'Adorno sur la *Kulturindustrie*, force est de reconnaître qu'un artiste quel qu'il soit ne peut plus faire autrement que de se sentir piégé, attrapé, pris en tenaille entre le marteau de ce que réclame l'art-des-artistes et l'enclume de ce qu'exige le-besoin-de-fêtes-des-hommes. Prisonnier de cet infernal entre-deux, et depuis si longtemps qu'il n'imagine plus guère la fin de son supplice, il ne sait plus très bien à quel saint se vouer : celui de l'art ou celui de la Culture ? Pour continuer d'exister, le voilà, nouvel Hamlet, obligé de se mentir continuellement à lui-même. Certes, les perversions de la Culture et les manigances de son marché ne laissent pas de le dégoûter, mais il n'a plus le pouvoir de s'en abstraire. Il n'est pas lâche, ni hypocrite : il fait seulement celui qui n'est pas concerné. Il n'est pas non plus narcissique, ni prétentieux : il n'ignore pas que l'intérêt de l'art est supérieur au sien, et que c'est seulement au nom de cet intérêt supérieur qu'il consent à avaler tant de couleuvres. De là que l'artiste le plus soucieux de ne pas se laisser harponner par les lois du Système se trouve condamné à devoir échafauder des *stratégies* de plus en plus complexes et de plus en plus retorses pour échapper à cette capture. (Puisque ces stratégies s'énoncent toujours à haute et intelligible voix, celle de la bonne conscience, il est sûr qu'elles n'ont de stratégiques que leur nom ; en vrai, elles n'ont d'autres buts que de servir à disculper leurs auteurs des compromissions qu'ils font mine de réprouver. *The entreprise is sick*, comme il est dit dans *Hamlet* – j'y reviendrai.) On assure alors, ici et là, que l'on n'a jamais été dupe du Système, de son Dispositif pernicieux, de son Arraisonnement sans merci, de la logique de ce « monde renversé » – bien entendu ! –, mais que, dans la mesure où l'on ne peut pas se soustraire à son empire, pas plus qu'à son emprise, on consent à y participer le plus joyeusement possible, sans exciper de ses états d'âme, d'autant qu'en y participant de cette façon l'on arrive toujours à en perturber le jeu. Ainsi la candeur rejoint-elle toujours tôt ou tard le cynisme, comme cela arrive chaque fois que l'on cherche à s'abriter sous la bannière miteuse, effilochée, d'un : « Puisque tout est fichu et que l'on n'a plus grand-chose à perdre, autant jouer la partie jusqu'au bout en y prenant le plus de plaisir possible »... C'est qu'on insiste encore pour appeler cela *un jeu*, d'autant que l'on y a perdu la main et qu'ainsi, somme toute, c'est moins humiliant. De même que l'on se félicite de pouvoir, par la seule vertu de son habileté tactique, tirer son épingle de ce jeu en commuant l'inévitable dont il est composé en liberté reconquise de haute lutte, par le seul fait d'y adhérer de bon cœur. Mais est-ce bien d'une liberté qu'il s'agit, si celle-ci s'épuise tout entière dans cette éternelle dénonciation du Système qui est, on s'en aperçoit tous les jours davantage, le meilleur gage de sa pérennité ? Car à force de dénoncer le Jeu, le Système, le Spectacle (on peut bien au début être sincère), et en le dénonçant tout en s'estimant obligé d'y prendre part, ne finit-on pas par s'y abandonner corps et âme, par se soumettre entièrement à ses règles ? À cet égard, nous ne saurions contester que de très nombreux artistes se sont faits comme une spécialité de ces contorsions de parade : ils les revendiquent même comme des preuves d'excellence, ou des signes de reconnaissance par lesquels ils se dotent d'une « cause célèbre » dont les feux ne s'allument jamais durablement que sous le grand chapiteau de la Culture à majuscule, où l'on ne sait jamais très bien qui distribue les rôles, les lauriers et les palmes.

Aussi, en m'appropriant volontairement les termes d'une analyse que René Girard avait employés dans un tout autre contexte (il s'agissait alors d'examiner « l'esprit de vengeance » auquel sacrifie sans même pouvoir y croire le Hamlet de Shakespeare ; cf. *Shakespeare : les feux de l'envie*, Paris, Grasset, 1990, p. 346-348), voici ce que je me permettrai de dire (on pourrait appeler cela : *Portrait de l'artiste d'aujourd'hui en Hamlet*) :

Parce que tout le monde se voit désormais dans l'obligation de concevoir les mêmes coups stratégiques en même temps, tout finit par revenir au même, au point que la pensée stratégique exige chaque fois une subtilité toujours plus grande ; elle demande de moins en moins d'œuvres et de plus en plus de produits. En fait, l'idée de stratégie n'est peut-être plus, elle-même, qu'une excuse stratégique pour ne pas regarder la réalité en face, à savoir le ralliement de tous les artistes au Moloch de la Culture à la table duquel (une table de jeu) ils ont l'espoir de trouver chacun leur compte (pour certains, évidemment, en espèces sonnantes et trébuchantes). Grâce notamment à la notion de stratégie, les artistes peuvent toujours contenir, contenir indéfiniment, leur rejet de la Culture, sans jamais qu'ils aient à y renoncer. À égale distance des deux membres de l'alternative – de l'art-des-artistes (qui n'aura bientôt plus d'avenir) et du besoin-de-fêtes-des-hommes (qui n'a pas encore eu pleinement raison de l'art-des-artistes) – nos artistes d'aujourd'hui, tout étourdis qu'ils sont par leur propre conscience malheureuse, et tout sonnés qu'ils sont par cette duplicité à laquelle ils n'ont plus les moyens de se dérober, nos artistes d'aujourd'hui, donc, acceptent d'indexer le principe de leur légitimation publique sur leur prétendue « contribution à l'art et la culture », sans se rendre compte qu'en se laissant définir ainsi ils ôtent toute signification probante au nom d'artiste. (Quand je notais au seuil du présent « discours » que les artistes étaient devenus les protagonistes d'une intrigue qui avait toutes les chances de se retourner contre eux, c'est à cela que je songeais.) Si bien qu'il faudrait en conclure qu'une fois les artistes devenus (à leurs propres yeux comme aux yeux des autres) des agents de la Culture et leurs œuvres des produits culturels, toute création se révèle être « son propre contraire plus encore qu'elle-même » (en reprenant là aussi une excellente formule de Girard).

On sait bien que si Hamlet avait monté sa « pièce dans la pièce », c'était dans la perspective « de démasquer Gertrude et Claudius ou, plutôt, de les contraindre à se démasquer eux-mêmes » ; aussi déclara-t-il : « Le théâtre est le piège où je prendrai la conscience du roi. » Citant ce vers, René Girard remarque dans l'ouvrage que j'ai cité, que « cela ressemble énormément à ce que font de nos jours tant de dramaturges, à ceci près qu'Hamlet n'a pas encore atteint ce stade suprême de l'illusion où les théoriciens se mettent de la partie et justifient toute l'entreprise en en faisant une forme supérieure de responsabilité sociale ». Toutefois, il n'y a pas que les dramaturges qui s'entendent à enfourcher pareil cheval : tous les *artistes* le font aussi, eux à qui il ne saurait être demandé s'ils veulent ou non jouer le jeu de la *Kulturindustrie*. Car ce jeu lui-même n'est plus de leur ressort. Et s'ils gardent tout de même un espoir de recouvrer leur liberté perdue à la table de jeu, c'est seulement parce qu'ils croient qu'elle ne s'obtient qu'à la faveur d'une dénonciation permanente de la « marchandisation » de leur art. Ainsi tout artiste conscient de ses responsabilités se doit-il de se montrer *indigné* par la manière dont tourne ce monde où il aspire pourtant à trouver sa place. Ainsi tout artiste conscient de ses responsabilités se reconnaît-il le droit et surtout le devoir de *pourfendre* systématiquement, et bien sûr publiquement (ce qui ne manque jamais de mettre la médiacratie en extase), cette fameuse *société du Spectacle* dont il a par ailleurs toujours beaucoup de mal à admettre qu'il en est lui-même le suppôt. Car tel est l'artiste conscient de ses responsabilités qu'il se sent de prime abord appelé à *sauver* ses pauvres contemporains d'une terrible « aliénation » qui, semble-t-il, ne l'a pas atteint lui-même. Et c'est alors qu'il glisse sur sa livrée de serviteur de la Culture officielle la robe du juge-pénitent dont Camus parlait autrefois, et que le Sganarelle qu'il se sait être devient, à son insu plus ou moins, un impayable Tartuffe.

Il est une question qui se pose à tout artiste : comment continuer d'exister et d'œuvrer dans un monde où le dénominateur commun de la Culture décide de qui est artiste et de qui ne l'est pas ? L'analogie suggérée par René Girard entre Hamlet et les dramaturges d'aujourd'hui vaut également, me semble-t-il, et peut-être même de façon plus vive encore, pour tous ceux que Muray, on s'en souvient, appelait les « artistes en un temps de culture » (formule qui parodiait par ironie celle de Hölderlin parlant des « poètes en un temps de détresse ») ; de la règle du jeu qu'ils sont sommés de jouer, Girard écrit en effet (dans ce texte on substituera donc volontiers à « auteur » le mot « artiste ») :

> « La règle du jeu consiste [pour un auteur d' "avant-garde" autant que pour le personnage d'Hamlet] à scandaliser le plus possible tout un public de Gerturdes et de Claudius pour les contraindre à appeler la police ou, tout au moins, à battre en retraite précipitamment. Rien n'est acceptable désormais qui n'ait été d'abord rejeté avec indignation par le public. Hélas, le public comprend très vite la règle du jeu ; il embrasse sa propre dénonciation avec une ferveur égale à celle de l'auteur, qui ne sait plus que faire. Plus aucune différence ne sépare le scandaleux du conventionnel, la révolte la plus audacieuse du conformisme le plus plat. Les contraires fusionnent et cela ne donne pas une superbe synthèse hégélienne, mais les immondices qu'on nous donne à déguster sous l'étiquette du *post-moderne*. Le sel de la terre ne sait pas qu'il a perdu son goût, et l'avant-gardisme le plus échevelé aboutit aux platitudes de Polonius. »

Le « culturel » se reconnaît à ceci : plus aucune différence n'y sépare le scandaleux du conventionnel, la révolte la plus audacieuse du conformisme le plus plat. Du reste, n'est-ce pas toujours au nom de la Différence que l'on fait taire les différences ?

Ici, notre parcours dans les méandres de la Définition de l'artiste édictée par l'Unesco s'achève. Et il peut bien sembler sinueux.

Cependant, je crois avoir montré que cette sinuosité est due surtout à l'assemblage des déterminations qui composent cette définition et qui, pour certaines d'entre elles, ne font pas très bon ménage les unes avec les autres — ce qui ne laisse pas de surprendre quand on sait par ailleurs que ce genre d'énoncé a une portée directement normative, en tout cas qu'il est potentiellement créateur de Droit. Ainsi, l'exploration de ses démarcations sémantiques, voire conceptuelles, nous aura-t-elle au moins permis de dresser le constat suivant :

Ce qui peut de nos jours, et sous nos latitudes tout particulièrement, celles de la culture de masse servir d'instance de légitimation à l'être-artiste de l'artiste,

– ce n'est pas *seulement* l'art, pour autant que l'œuvre signée par l'artiste a pour essence de le mettre lui-même en œuvre (selon la conception « moderne »),

– ce n'est pas non plus *uniquement* le statut d'œuvre d'art que l'on pourrait encore conférer à sa création par le truchement d'une déclaration performative, créatrice de valeur (modèle Duchamp) ;

– ce n'est pas davantage la *seule* force productive qu'il lui est donné de déployer pour exister dans la vie (modèle Beuys),

– ni sa *seule* prétention à se proclamer lui-même artiste, c'est-à-dire son aptitude à se forger, surtout à l'aide d'un discours, une identité fictive où c'est alors son statut même qui fait office d'œuvre d'art (modèle Klein),

– mais ce sont tous ces traits *additionnés*, s'il est vrai que la Définition qui les rappelle, les lie ou les raccorde ensemble.

Et pourtant le fait est qu'il ne convient pas de s'arrêter à cette conjonction, cette conjugaison ou cet entrecroisement de déterminations (elles-mêmes successivement apparues dans le temps), car il s'y ajoute encore quelque chose. Quelque chose de décisif, qui joue même, dans l'ensemble, le rôle le plus important. Un supplément qui expliquerait en tout cas à lui seul l'inquiétude que je cherche à exprimer ici et qui m'incite maintenant à poser cette ultime question : *quel est exactement le poids que l'on croit devoir accorder à l'argument selon lequel un artiste est censé se définir principalement par sa « contribution au développement de la Culture »* ? Plus généralement, qu'en est-il, pour les artistes, de cette sorte d'accréditation, voire de cet adoubement qui ne dit pas son nom, que les artistes espèrent désormais recevoir des « autorités » dites « culturelles », c'est-à-dire de ce pouvoir de légitimation – bien sûr multiplement incarné et diversement apprécié – qui s'exprime toujours *au nom de* la Culture ? À supposer qu'il y ait du sens à rassembler « les artistes » autour d'une même notion, quels effets, quels types d'effets, une sanction de cet ordre peut-elle alors avoir sur la *vitalité* de ce qui a été appelé plus haut « l'art en tant qu'art » ?

Pour qui aborde le problème sur un plan politique et institutionnel, il est fort à parier que dans la Culture à laquelle nous avons dorénavant affaire en tant qu'elle forme l'horizon de sens d'où se détache tout ce qui vient à se produire sur la « scène artistique » et à l'occuper un certain temps (un temps d'ailleurs de plus en plus court, la « rotation » des occupants de ladite scène étant similaire à celle du tambour d'une lessiveuse, selon une image que j'ai déjà employée), la dialectique qui pouvait encore jusqu'à une date récente articuler l'une à l'autre « subvention » et « subversion » ne soit plus de mise. On pourrait être tenté de s'engager sur la voie d'une déploration (n'est-ce pas sur le fond de cette tension réciproque que sont nés tant de chefs-d'œuvre ?), mais à quoi cela servirait-il ? N'est-il pas bien plus intéressant de prolonger les questions posées à l'instant par celle-ci : existe-t-il *au moins un critère* qui puisse jouer le rôle d'instance *non critique* de légitimation ?

Car le fait est, là aussi, que toutes les formes *normatives* de légitimation de l'être-artiste de l'artiste, et *a fortiori* toutes celles que j'ai pointées ici, sont *critiques*. Critiques, elles le sont par essence, et aux deux sens du mot. Non seulement elles posent pour elles-mêmes la question *quid juris ?* – et à ce titre elles demeurent discutables –, mais elles ont aussi pour effet de faire le tri, de hiérarchiser, de forger une échelle de valeurs à partir de laquelle le jugement peut être lui-même jugé légitime. Du reste, normes et valeurs sont toujours là pour servir de facteurs discriminants, pour que l'on puisse dire de tel(le) ou tel(le) qu'il (ou elle) est artiste selon les critères qu'une approche « critique » de l'art s'emploierait à dégager. Et l'on a vu sur quels critères distinctifs reposait la Définition normative retenue au départ (ce sont ces critères que j'ai tâché d'« illustrer » par des « modèles » auxquels correspondent des noms propres). Il n'empêche : doit-on pour autant oublier qu'il existe également des critères *non critiques*, des critères qui n'ont donc pour cette raison plus rien de *normatif* ?

Une éminente spécialiste de Platon, Monique Dixsaut, explique ceci (cf. *Platon et la question de la pensée*, Paris, Vrin, 2000, p. 18) :

> « Pour l'ironie, il n'est de principe que son exigence du principe. Principe, exigence du principe, fondement, se ramassent en un seul point, en une seule pointe : l'aiguillon du taon, de la torpille marine. »

Si, dans le cadre qui est ici le mien, je me permets de citer cette mise au point, c'est parce qu'il me paraît souhaitable de soutenir, au sujet de l'être-artiste de l'artiste, cela même qui est dit ici relever de l'ironie socratique (ou de l'ironie philosophique en général, si du moins le concept de celle-ci doit être *rapporté* de façon paradigmatique à la seule figure de Socrate, comme le préconise Kierkegaard). Car il n'est pas d'autre principe au nom duquel l'être-artiste de l'artiste devrait être légitimement reconnu que sa propre *exigence du principe*. Autrement dit, tout artiste a ceci de singulier qu'il a pour principe d'exiger, non seulement *pour* ce qu'il fait, mais aussi, et surtout, *dans* ce qu'il fait, la direction d'un principe. Et c'est cette exigence-là qui fonde sa *responsabilité* dans la mesure où le principe-d'exiger-un-principe, l'artiste, qu'il le veuille ou non, et qu'il le sache ou non, se doit d'en répondre chaque fois en l'exigeant précisément. Cependant, d'où cette exigence provient-elle ? Et de quel principe s'agit-il ? Tout tient ici à l'essence de son acte – qui n'est autre que celui de *créer*. Créer est en effet, pour un artiste quel qu'il soit, le « seul point », la « seule pointe » où peuvent encore se rassembler le fondement, le principe et l'exigence du principe. En tout cas, le seul fait de quitter l'espace resserré de cette pointe aurait pour conséquence immédiate de vider de sa substance la notion même d'artiste.

C'est seulement dans ce cadre parfaitement délimité que l'être-artiste de l'artiste parvient à se soumettre à un critère non-critique. J'appelle « critique » tout critère d'ordre *axiologique*, qui repose sur une position préalable de valeurs, explicite ou implicite, c'est selon, – des valeurs au nom desquelles on se permet alors d'évaluer ce que l'on expose par là même à une libre critique. L'analogie avec l'ironie socratique s'avère là aussi pertinente. Car sur le plan historique cette ironie-là fut *remplacée* par la « libre critique ». Et pourquoi ce remplacement ? Qu'est-ce qui l'a justifié, et qu'est-ce qu'il signifie ? Monique Dixsaut, déjà citée, a très bien montré la raison de cette substitution historique (post-platonicienne) de la critique à l'ironie : parce que la critique, dit-elle, « offrait le mérite de conserver sa positivité à la démarche [philosophique] » – et que « toute critique implique critère, c'est-à-dire la position de valeurs au nom desquelles sera estimé ce que l'on soumet à critique ». Or tel n'est justement pas le cas de l'ironie en son sens radical (c'est-à-dire en un sens qui n'est pas simplement rhétorique) : car « la radicale ironie réclame la valeur sans jamais la poser, et réclame d'ailleurs moins la valeur qu'un fondement ou un principe capable de transcender toute position, y compris celle qui, affirmant l'inconditionnalité du principe, le soumettrait du même coup à cette condition-là : d'être inconditionné ».

Il me semble qu'il en va exactement de même pour la qualification de l'artiste : il existe au moins un critère de reconnaissance qui, pour n'avoir rien de critique, ne repose pas sur la position de valeurs qui conditionnent *a priori* son établissement, qui ressemble donc à peine à un critère et qui, en transcendant toute position de valeur et toute normativité possible, est d'autant plus de l'ordre du fondement, ou du principe, qu'il retourne chaque fois avec lui de l'essence même de la création, c'est-à-dire de ce sans quoi aucune création ne saurait avoir lieu. Ce « critère » qui a la particularité d'être aussi peu critique que normatif est *esth/éthique*. Il est, au point de jonction de l'éthique et de l'esthétique, celui de la *responsabilité de l'artiste*.

Afin de m'expliquer sur cette « seule pointe », je commencerai par poser l'axiome suivant (je le décomposerai d'ailleurs en deux temps) :

1) La *souveraineté* de l'artiste, cette souveraineté qui va de pair avec le statut conféré à la subjectivité au cours des Temps modernes, exige de son titulaire qu'il ne soumette pas sa caractérisation en tant qu'artiste aux seuls critères extérieurs et objectifs, « sociaux » ou « politiques » ; il faut encore qu'il la soumette aussi à des critères qui ne sont pas forcément subjectifs (au sens péjoratif du mot, s'il existe), mais « intérieurs », « intimes » ou « personnels », c'est-à-dire à une estimation venant de soi et tenant à soi – je veux dire relevant de l'autonomie de sa liberté ;

2) de sorte que sera considérée comme artiste (pourra l'être et devra l'être), non la personne qui se voit *reconnue* comme telle, ni celle qui *prétend* à cette qualification ou à la reconnaissance de celle-ci, mais la personne qui se montre soucieuse de *répondre* à ce qu'exige de soi « le génie diviseur, séparateur et désagrégateur des arts » – et cela d'abord parce qu'elle en éprouve la nécessité au plus intime d'elle-même.

Or répondre *à* ce « génie », c'est aussi – et d'abord – répondre *de* son acte en tant que cet acte lui-même est « créateur ».

Il me semble en effet qu'il n'y a que cette « réponse », il n'y a que le fait de savoir et de pouvoir *répondre de sa création*, qui, compte tenu de l'absorption de « l'art des artistes » par la Culture, par le « Tout culturel » et la positivité sursaturée et sans reste que le règne de ce Tout instaure et garantit – une absorption qui passe notamment par l'étouffement de leur esprit de *dissidence* –, il n'y a, dis-je, que cette responsabilité-là, en tant qu'elle sert de fondement ou de principe, qui puisse *aujourd'hui* (je souligne encore et toujours *aujourd'hui*) permettre à un artiste de refuser d'assouvir tel ou tel

« besoin » humain (qu'il soit besoin de fêtes, comme dit Nietzsche, ou besoin de quelque autre jouissance) et de satisfaire ainsi aux prescriptions normatives de la Culture qui en assurent la domination. Et il ne me paraît pas moins évident qu'il appartiendra toujours à un artiste, si du moins il refuse de se prendre ou de se laisser prendre pour un « agent culturel » ou un « acteur de la Culture », de pouvoir *séparer*, dans son activité même, ce qui relève de son *désir* de création (et du désir de reconnaissance qui naturellement s'y rattache) *de* ce si bien nommé besoin de festivités qui ne cesse pourtant de s'imposer à la plupart d'entre eux de façon aussi vive qu'impérieuse, aussi hégémonique que pernicieuse.

Cette responsabilité a beau se dresser dans le champ de « l'esthétique », elle n'en est pas moins tout à la fois *éthique et politique*. Non seulement elle se fonde sur une éthique, mais elle fonde elle-même une éthique tout comme elle engage à sa suite une certaine politique. En tous les cas, c'est uniquement dans la mesure où elle recouvre des enjeux uniment éthiques et politiques – à une distance respectable de toute prescription morale, et en dehors de toute évaluation et légitimation socioculturelles – qu'elle peut prétendre à instaurer un *droit*, celui-là même dont tout artiste doit pouvoir jouir dans une société démocratique, peu importe qu'il soit considéré dans son « travail » et dans sa « production » comme *créateur* ou *interprète*.

Deux mots à présent, qui seront bien sûr trop brefs, sur ces deux dimensions de la responsabilité :

1. *Sur la responsabilité éthique de l'artiste en tant qu'elle justifie son appellation.*

Sur quelle éthique cette responsabilité se fonde-t-elle ? Réponse : sur une éthique de la « conséquence ». – On sait que l'une des plus anciennes règles épistémologiques établit que toute théorie est absurde si elle recèle des affirmations détruisant la possibilité de théories quelles qu'elles soient. Eh bien, si l'on appliquait cette règle à l'art, on aurait droit à l'affirmation suivante : irresponsable est l'artiste dont l'activité créatrice recèle une signification portant atteinte à la possibilité même de la création. Autrement dit, la responsabilité de l'artiste consiste à se montrer conséquent au regard de ce qu'il fait. S'il s'agit pour lui de créer ou de participer par son interprétation à une œuvre de création, alors « être conséquent » veut dire : ne pas faire de sa propre création ou de sa propre participation à une œuvre de création la négation même de l'idée de création.

J'ai indiqué également que la responsabilité éthique de l'artiste fondait en même temps une éthique. En quel sens le pensé-je ? De quelle éthique s'agit-il ? Réponse : si l'artiste doit chaque fois se montrer responsable de quelque chose, c'est de ce qu'il *fait* – non pas tant dans son contenu que dans son essence –, à savoir *créer* ; et si cet acte, la création, représente en même temps un « élément essentiel de sa vie », comme la Définition le stipule avec raison, alors il ne peut que se sentir responsable en même temps *de ce qu'il est*. Or un artiste pourrait-il se sentir responsable à la fois de ce qu'il fait et de ce qu'il est si une certaine responsabilité n'incombait pas d'abord à *l'art lui-même et comme tel*, à « l'art en tant qu'art », selon l'expression retenue plus haut, et si en plus cette responsabilité-là ne lui incombait pas chaque fois au regard de cette *vie* dont l'artiste justement fait de l'art un « élément essentiel » ? En effet, la responsabilité de l'artiste ne devrait-elle pas être fondée en tout dernier ressort sur le pouvoir propre à l'art (à supposer du moins que l'on croie suffisamment dans la force de son concept) de « mettre en œuvre », dans une œuvre précisément, non pas tant « la vérité de l'être » (Heidegger) ou une « imitation de la nature » (Aristote) qu'une *création* à part entière, une création capable comme telle d'ouvrir, et sans le refermer aussitôt sur quelque sens donné, le champ (toujours éthiquement salutaire) des *possibles* ? Et en disant cela, je ne parle pas seulement de la production d'œuvres d'art à proprement parler ; je songe d'abord, et même surtout, au dégagement, mieux : à la libération, par le truchement de ce qu'expriment ces œuvres, quand elles existent vraiment, *de possibilités de vie nouvelles, de pouvoirs inédits – pouvoir-être, pouvoir-faire, pouvoir-éprouver, pouvoir-imaginer, pouvoir-penser, etc. – dont la seule découverte et la seule révélation peuvent être, pour quiconque y prend part, ou en fait l'expérience, un éveil de* l'esprit, *si par ce dernier terme on entend non l'entendement, la faculté de compréhension, mais l'être-inspiré par sa propre aspiration à faire s'accroître la puissance même de la vie telle qu'elle se trouve être dévolue à tout un chacun selon une configuration particulière dont celui-ci ne peut que s'avouer qu'il est de son secret l'unique détenteur.*

Redonner de la puissance non pas tant à sa vie qu'à la vie.

Viser à cette universalité – ce qui suppose de l'inventer.

Et à cet effet, ouvrir le champ des possibles dont on imagine que celle-ci est encore et toujours capable.

Pourquoi dis-je cela ? Parce qu'il s'agit non seulement de libérer des possibles, et de les libérer *comme possibles* ; il s'agit aussi, et surtout, instaurer ceux-ci *dans* l'œuvre et *en tant qu'*œuvre – ce qui ne revient justement pas à les « réaliser », si réaliser implique d'anéantir leur caractère de possibilité (donc de les rendre, d'une certaine façon, im-possibles). En effet, l'instauration du possible dont se préoccupe la création artistique a toujours ceci de particulier (c'est tout le sens du mot *instauration*) qu'elle se tient aussi éloignée que possible de quelque chose d'« effectif ». (D'où, soit dit entre parenthèses, l'assimilation courante, traditionnelle, obvie, du plan de l'instauration à l'irréalité de « l'imaginaire », de même que le rattachement de l'invention de l'universalité de la vie, comme je l'ai dit, au seul pouvoir de « l'imagination ».) Ces possibles *ouverts* par l'œuvre de création, l'artiste créateur les instaure, lui, au moyen d'une « forme » qui, dans le meilleur des cas, acquiert force de loi, je veux dire : fait office de *règle*. Seule sa mise en œuvre – sa figuration – sous la législation d'une « forme » peut assurer aux possibles configurés de se maintenir hors de l'effectivité vers laquelle leur statut de « contenu » ou d'« objets intentionnels » les entraîne inévitablement en raison même de « l'effet de réel » que leur figuration suscite. Telle est la figuration dont l'art est si essentiellement, et si nécessairement, l'ordonnateur, que l'instauration qu'elle met en œuvre est toujours d'ordre *formel* (selon un rapport à la forme qui n'a en soi rien à voir avec un quelconque formalisme, un attachement à la forme pour la forme), et cela à telle enseigne qu'il faut se féliciter que Nietzsche ait voulu rappeler qu'« on est artiste à condition de ressentir comme contenu, comme la chose même, ce que les non-artistes appellent "forme" ».

Si donc, dans le champ de la création artistique, il existe un enjeu tout à la fois éthique et esthétique, il me semble qu'il est là. Et pourtant, il faut y insister, la question n'est pas de *produire* quelque chose (une « œuvre ») qui ait son autonomie propre, sa suffisance particulière ; car produire une *œuvre* – un « bloc de sensations », comme aurait dit Gilles Deleuze –, la faire être, la faire venir à l'être (ce que dit le verbe *poiein* en grec), ce n'est pas encore créer *au sens que je souhaite moi-même réserver à ce mot, au sens de : instaurer le possible.* Certes, créer suppose bien, de façon générale, que quelque chose soit produit, c'est-à-dire vienne à la présence. Mais « produire » n'est justement pas un simple équivalent de « créer ». Pour que produire se transforme en créer, il faut encore que l'acte de produire procède à une instauration par la grâce et sous l'effet de laquelle le possible qu'il met en œuvre (au travers chaque fois d'un jeu de formes) *demeure lui-même toujours possible.* Originellement, comme on le sait, « créer » diffère de toute activité de production en ce qu'il se rapporte à l'acte de croître ; en ce sens, « créer » (*creare*) veut dire croître, faire croître, faire se déployer, faire s'épanouir – mais quoi en l'occurrence ? Nul autre que le *possible.* Créer consiste à faire en sorte que le champ des possibles s'accroisse miraculeusement, et cela pour que la vie elle-même s'accroisse de soi, ce qui veut dire : se porte à une richesse insoupçonnée, à des potentialités nouvelles, ce qui ne laisse pas d'être chaque fois *bouleversant.* De sorte que mérite le nom de créateur (qu'il soit ou non artiste) l'être humain qui se résout à prendre sur soi de – à s'obliger à – instaurer un domaine de possibilités à même d'ouvrir « la vie des hommes » à une dimension proprement inédite, jusqu'alors inaperçue –, ce pourquoi il lui revient dans la plupart des cas d'arrimer sa liberté à une conscience de destinée. Et cela alors même qu'en se tenant dans l'enceinte de la Culture les hommes – « ses semblables, ses frères » – ne cessent, pour leur part, de se préoccuper *d'autre chose*, comme notamment de satisfaire, par tous les moyens dont ils disposent, à leur incessant « besoin de fêtes », ce besoin qui n'est jamais somme toute qu'une compulsion rageuse et désespérée à *tuer le temps coûte que coûte*.

Oui, il appartient à cette ouverture et à cette instauration de possibles – en tant qu'elles constituent aussi la prérogative irréductible de l'œuvre d'art – de pouvoir donner à la vie des hommes, quand ils communient avec l'œuvre, comme une portée différente, une extension insoupçonnée, une expansion originale : toutes choses dont on n'imaginait même pas qu'elles fussent possible avant que ne se produise justement l'événement du *créer*. Car, derechef, que veut dire instaurer le possible ? Pas seulement œuvrer dans le champ des possibles, mais y œuvrer de manière à ce que ces possibles formellement (artistiquement) configurés et ainsi libérés sous forme d'« idées » ou d'« images » ayant la force de *faire elles-mêmes sensation*, réussissent à susciter à leur tour de nouvelles façons de sentir, d'imaginer et de penser. Sans doute est-il là le secret de *l'émotion* esthétique. Une émotion dont l'artiste est responsable, s'il est vrai que sa responsabilité en tant qu'artiste réside dans le respect qu'il éprouve (qu'il s'estime voué à éprouver) envers ce curieux « impératif » qu'il ne fait jamais que s'imposer à lui-même, en dehors de toute contrainte morale, de toute législation transcendante, au nom de sa liberté même : l'impératif d'inaugurer, et partant d'inventer pour soi comme pour autrui, des manières de sentir, d'imaginer et de penser dont nul n'aurait pu croire auparavant qu'elles puissent un jour voir le jour.

Un artiste a toujours partie liée à l'événement du créer, comme je l'ai dit, et dans le sens qui vient d'être circonscrit. Il peut être le créateur d'une œuvre, mais il peut être aussi, comme n'a pas manqué de l'indiquer la Définition analysée plus haut, un « interprète » qui « participe », en vertu même de son interprétation, à une œuvre de création. Or, qu'il soit créateur ou interprète, il n'en demeure pas moins que ce qui importe en l'occurrence, c'est qu'il puisse chaque fois *répondre* de ce qu'il fait au nom de la création. Seule cette « réponse » fera de lui, de ce créateur ou de cet interprète, un *artiste* digne de ce nom.

Je l'ai déjà laissé entendre : l'instauration des possibles dont l'artiste est supposé pouvoir répondre (en tant que créateur ou en tant qu'interprète) ne saurait dépendre d'une explication avec sa vie *personnelle*, comme c'est le cas pour le commun des mortels, mais bien plutôt, et seulement, d'une interrogation sur la vie en tant que telle, la vie dans toutes ses expressions et selon toutes ses dimensions – ce qui suppose à la fois d'opérer un certain recul vis-à-vis de soi-même et de faire fond sur une certaine Idée, qu'il ne faudrait d'ailleurs pas s'empresser d'assimiler à une quelconque « vision-du-monde ».

Car que faut-il entendre par : la vie en tant que telle ? Est-ce que cela existe : *la* vie ? Et de quelle nature pourrait être ce « en tant que telle » sous la forme de quoi la vie apparaîtrait au regard artistique ? Par définition « la vie » n'est-elle pas toujours quelque chose d'incarné et, en raison de cette nécessaire incarnation, toujours déjà *telle* ou *telle* vie : *ma* vie, *ta* vie, etc. ? Qui donc peut dire ce qu'est la vie en général ? Qui peut dire ce qu'est une vie en tant que telle, en tant qu'elle est la vie, la vie en général, s'il n'y a de vie que charnelle, donc subjective ? Réponse : l'être qui peut le dire est celui qui arrive justement à donner *forme universelle* à ce qui n'existe que de se *particulariser* à l'infini. À savoir : « l'artiste créateur », ainsi que Nietzsche aimait à le désigner en ne craignant pas la redondance.

D'où la question suivante : qu'est-ce qui dans le fond appelle aussi vivement à l'universalisation de ce qui, en dehors de toute mise en œuvre, n'a jamais rien d'universel ? Ce qui appelle à cela n'est autre, à mon sens, que la nécessité (une nécessité que d'aucuns qualifient d'« intérieure » tant elle ne procède pas du dehors, de ce qui relève de la significativité du monde) de *redonner chaque fois plus de vie à la vie,* c'est-à-dire de donner, grâce à l'émotion que l'œuvre, à sa réception, réussit à provoquer, une *nouvelle* puissance, une puissance *accrue*, à ce pouvoir de manifestation (nommé « subjectivité ») auquel doit toujours déjà se prêter toute chose venant à apparaître. De sorte que l'artiste s'efforce chaque fois, et chaque fois sous la législation d'une mise-en-forme, de *donner le plus d'effet possible* aux possibilités de la vie même – de cette vie incarnée et, parce qu'incarnée, toujours en devenir et dont le devenir précisément lui paraît, à lui, l'artiste, pour une raison qui lui est propre et qui décide à elle seule de son engagement au service de l'art, comme empêché, entravé, « arrêté » dans sa course, ce devenir de la vie ne lui semblant alors *plus du tout possible* dans l'« état actuel des choses », dans « l'état » qui caractérise présentement *le monde* à ses yeux.

Et l'on comprend enfin pourquoi la responsabilité de l'artiste est telle que ce dernier éprouve toujours comme « un élément essentiel de sa vie » le fait d'être appelé à répondre de la survivance même de la vie. En cet appel prend sa source la « vocation » à laquelle il lui arrive de se sentir destiné. Si bien qu'un artiste doit être considéré comme cet être qui parvient, avec plus ou moins de réussite (peut-être devrait-on dire : plus ou moins de « talent »), à répondre *de* cette responsabilité-là et à « faire œuvre » de cette réponse, c'est-à-dire à se sentir le devoir *et* à se reconnaître le pouvoir de donner plus de puissance à ce qu'il se figure être la vie en général – ce « donner plus de puissance à la vie » passant presque inévitablement par la mise en cause de ses possibilités *actuelles,* celles qui règlent la configuration de la vie qui domine la pensée, l'imagination et la sensibilité des hommes de telle ou telle culture, et à tel ou tel moment de l'histoire humaine, ces possibilités actuelles ne semblant justement plus, aux yeux de l'artiste en question, *être possibles*, parce que sa réalisation même est devenue *insupportable.*

Pour décider que quelque chose n'est plus possible, au sens de supportable, sans doute faut-il avoir été conduit à prendre acte du fait (et donc à penser) que ce quelque chose n'est plus capable d'*ouvrir l'avenir*. En ce sens, l'impossible c'est à la fois l'insupportable (quant au présent) et l'impuissant (quant à l'avenir). Or cette double signification ne peut à son tour que jeter une lumière vive sur le critère de la « responsabilité de l'artiste » dont nous avons pu voir qu'il est aussi peu critique que normatif. Car au regard de ce critère l'artiste est supposé pouvoir répondre de ce qu'il a créé au nom de quelque chose qui ne relève pas de lui-même mais seulement de cette vie qu'il a reçue en partage et qu'il se sent pour ainsi dire sommé de prendre en considération dans sa supposée généralité, et de la prendre en considération *pour le compte des autres comme pour le sien propre*, et tout cela pour une raison qui peut fort bien demeurer à tout jamais inconnue aussi bien de lui-même que des autres. Au point, ajouterais-je, que la seule façon que cet artiste aurait de répondre *de* cela même dont il s'arroge ainsi un devoir de « sauvegarde » consisterait chaque fois à répondre *à* une injonction qu'il s'adresserait à lui-même, à savoir : rendre la vie *encore et toujours possible*, cette injonction exigeant en même temps de lui qu'il fasse tout son possible pour ne pas acculer « ses semblables, ses frères » au désespoir, c'est-à-dire pour ne pas leur faire honte du fait même de vivre.

En cet ordre à soi donné, en cette espèce d'auto-intimation consiste ce que je serais tenté d'appeler le commandement éthique de l'artiste créateur.

(À cet égard, et je le redis entre parenthèses, il me paraît évident que si l'œuvre et la pensée de Marcel Duchamp ont contribué à transformer durablement la *définition* de l'artiste, c'est surtout parce que cet artiste ou plutôt, devrais-je dire, cet anartiste n'a jamais songé à se dérober à l'appel de sa responsabilité d'artiste, c'est-à-dire à ce que je viens de nommer le commandement éthique de l'artiste créateur. En effet, Duchamp n'aurait jamais envisagé de « mettre fin » à « l'art » de son temps s'il n'avait pas éprouvé le devoir [on aura compris dans quel sens je prends le mot « devoir » : au sens de ce qui a été approché plus haut en termes de « nécessité intérieure »] d'ouvrir une voie nouvelle *non pas à l'avenir de l'art mais au devenir de la vie* [le premier, l'avenir de l'art, n'ayant aucune raison d'être sans le second, le devenir de la vie]. Duchamp n'aurait jamais imaginé pouvoir assigner à l'art qu'il appelait de ses vœux un langage jusqu'alors inédit [ce langage est d'ailleurs jusqu'à présent difficile à comprendre] s'il ne s'était pas écrié tout d'abord en son âme et conscience : « Au stade où nous en sommes, "l'art", ou ce que l'on fait encore *en son nom*, n'est plus du tout possible. » Je veux dire par là qu'en vertu de son geste iconoclaste Duchamp, contrairement à ce que ses contempteurs ont souvent prétendu qu'il faisait, n'a rien « cassé » ni « fermé » : tout simplement il a pris acte du fait que là où l'on se décidait à *œuvrer*, « ça » se refermait déjà de soi-même. À ses yeux, le progrès des sciences et des techniques avait peu à peu vidé de leur substance les possibilités imparties à la mise-en-œuvre de l'art. C'est que derrière ces possibilités-là il y a toujours celles de la vie même, puisque c'est de la considération de ces dernières que l'art tire sa propre raison d'être. Aussi est-ce sur les possibilités de la vie qu'un artiste créateur se doit esth/éthiquement de veiller. Et cela à telle enseigne que s'il veille sur les possibilités *de l'art* plutôt que sur celles *de la vie*, il conduit aussitôt sa création, sans forcément s'en rendre compte, à contredire l'idée même de création. Qui nierait en effet qu'existent toujours un académisme et un conservatisme propre à l'avant-garde ? Changeant sans cesse de masque ou de profil, cet académisme et ce conservatisme occupent même aujourd'hui les devants de la scène artistique mondiale ; ils paradent dans toutes les foires où, comme je l'ai déjà dit, chacun y va de sa petite bonne idée à mettre en image, en figure ou en situation – ou de son petit « concept », excusez du peu ! –, comme d'autres y vont de leur petit lot de « secrets » à mettre en mots, en récit ou en chanson.

Dira-t-on au moins que Duchamp s'est prêté à un jeu de massacre ? Le ready-made ne faisait-il pas profession de dérision ? En vérité, il est plus que probable que son « invention » a servi au contraire d'*acte inaugural* à une aventure sans précédent et, depuis, sans pareille ; une aventure que Duchamp, sans jamais la ramener, aura su conduire jusqu'à son terme comme ce qu'elle est : une aventure de l'esprit – d'un esprit lucide, qui plus est, doté d'un humour exceptionnel, et dont ce n'est pas la moindre des réussites que d'avoir proposé, à ces fatigués de l'Histoire que les Européens étaient alors et qu'ils sont encore aujourd'hui, des façons inédites, et proprement insoupçonnées, de sentir, d'imaginer et de penser ce que la vie, à cet instant du monde, donne à l'homme de sentir, d'imaginer et de penser. – Bien sûr, comme c'est très souvent le cas, une œuvre à ce point innovante eut à *inventer son public*. De sorte que la subversion qu'elle aura fait subir aux règles de l'art ne fut rien de moins qu'un acte d'amour et d'engendrement. Car enfin, toute phrase qui *engendre son propre destinataire* n'est-elle pas une phrase d'amour ? Alors, comment peut-on ne pas voir dans cette promesse de naissance autre chose qu'une envie d'espérer ?)

2. J'ai indiqué plus haut que la responsabilité de l'artiste était non seulement éthique mais politique. Et cependant, de même que la responsabilité éthique de l'artiste se trouve éloignée de toute intention morale ou moralisatrice, sa responsabilité politique est aussi exempte de tout parti pris idéologique. En fait, exactement comme je l'ai fait tantôt avec le mot « éthique », je me bornerai à prendre le mot « politique » dans un sens minimal. Car telle est la responsabilité politique de l'artiste qu'*il lui incombe au minimum de vouloir vivre dans une société où la création comme telle est sinon valorisée, du moins rendue possible, c'est-à-dire défendue dans son principe*. Autant dire qu'il appartient à tout artiste digne de ce nom (et c'est de cette appartenance autant que de ce nom qu'il lui faudrait toujours s'attacher à *répondre*) de lutter, autant que faire se peut, pour que, dans la société où il a élu domicile, *le droit de créer librement* demeure en tout état de cause quelque chose d'imprescriptible, indépendamment de toute considération pour le contenu particulier de sa création.

Une telle lutte est exigée par l'existence du corps social lui-même, car dans toute société (à quelque culture qu'elle appartienne), tout conspire à *suspecter* l'œuvre de création. En tout cas, tout conduit à faire de la création une sorte de « résidu » non nécessaire – situé de surcroît aux antipodes du « besoin de fêtes des hommes ». Cela est encore plus vrai *en un temps de culture*, s'il est vrai que la Culture assure toujours à la société les conditions de son « apologie ». La raison en est toutefois la suivante : toute société rechigne, par définition dirais-je, à toucher à l'ordre établi qui est le sien ; elle vit de ne rien vouloir changer *quant à son institution*. C'est en quoi, pour elle – et pour la Culture avec un grand C et ses deux supports capitaux, la Loi du marché et l'Opinion majoritaire – « l'art des artistes » a le visage repoussant sinon du scandale, du moins de la « *perturbation* » ou de l'« *irritation* », pour reprendre deux de ses mots fétiches à Thomas Bernhard dont on n'ignore pas qu'il en savait long sur la question. Mais que l'on se souvienne surtout, à cet égard, du constat impitoyable, mais combien lucide, des auteurs déjà cités de *La Dialectique de la raison*, au sujet de la Culture de notre temps :

> « Les masses démoralisées par une vie soumise sans cesse aux pressions du système, dont le seul signe de civilisation est un comportement d'automate susceptible de rares sursauts de colère et de rébellion, doivent être incitées à la discipline devant le spectacle de la vie inexorable et du comportement exemplaire des victimes. La civilisation a de tout temps contribué à dompter les instincts révolutionnaires aussi bien que les instincts barbares. La civilisation industrialisée fait quelque chose de plus. Elle montre les seules conditions dans lesquelles nous sommes autorisés à vivre cette vie impitoyable. L'individu doit utiliser le dégoût que lui inspirent les choses pour en faire de l'énergie qui lui permette de s'abandonner au pouvoir collectif dont il est dégoûté. »

Aurea verba ! Depuis qu'existe le phénomène à contenir, on n'a pas encore réussi à dire mieux.

Mais que l'on se s'y trompe pas : il ne s'agit guère pour moi – aussi peu d'ailleurs que pour quiconque – de plaider romantiquement en faveur de l'artiste « maudit ». La question n'est pas là. Et cependant, l'on ne peut vouloir reconnaître à « l'art des artistes » un pouvoir d'instauration de ce qui n'a en soi rien d'effectif, sans reconnaître en même temps toute la violence qui préside à ce geste. Aussi, par définition si je puis dire, l'artiste ne saurait vouloir se comporter en « prophète de l'ordre existant » ; il y va de sa responsabilité d'artiste de rejeter une telle fonction. C'est dire combien *instauration* n'est pas *institution*, l'instauration étant précisément ce qui dérange l'institution jusque dans ses fondations, ce qui la dérange au nom même de *ce qui arrive* et dont personne encore n'a la moindre idée.

Mais il ne s'agit pas davantage de plaider pour l'identification de « l'art des artistes » à ce qu'il est convenu d'appeler l'avant-garde, du moins si l'on entend par cette expression d'origine militaire tout mouvement de destruction des formes reçues sans considération concomitante pour le surgissement du *sens*. Car ce dont il s'agit en premier lieu – tout mon discours entend le souligner –, c'est de ne pas laisser la Culture escamoter « l'art des artistes » au nom de ce qu'elle est : la production de produits de *consommation* courante (élitiste ou de masse) et la révélation de notre supposée *impuissance* à donner au monde un sens dont lui-même jusqu'alors ne sait rien. En somme, ce dont il s'agit c'est de donner à l'artiste le droit – et de lui donner ce droit dans des formes juridiques appropriées par où il acquerrait ou renforcerait son propre *statut d'artiste* (en tant que créateur ou interprète) –, le droit de contrevenir à ce « renoncement jovial » (Horkheimer et Adorno) qui *désagrège* le monde sous prétexte d'agréger. Il s'agit, oui, de lui donner ce droit dans un but et un seul : pour que s'ouvre l'avenir – et que sur-vive la vie.

Note sur le texte

Ce « discours » a été rédigé *sur la base* d'une communication faite le 12 novembre 2010 au colloque « La vie d'artiste », rencontres organisées par Télérama, la région Bretagne, Rennes-Métropole et le Théâtre national de Bretagne, dans le cadre du festival Mettre en scène, au TNB de Rennes. Je remercie vivement Fabienne Pascaud et Daniel Conrod de m'y avoir convié et si bien reçu. – Je signale par ailleurs qu'une première version de cette même conférence a été prononcée quelques jours auparavant, le mardi 9 novembre 2010, à l'Institut Supérieur pour l'Étude du Langage Plastique de Bruxelles, à l'invitation de l'ISELP et de la Librairie Filigranes. Je remercie Éric Van Essche et Valérie Vogt de leur accueil tout aussi chaleureux. – Enfin, je remercie Donatien Grau pour sa lecture bienveillante.

Appendice

Maintenant la souveraineté

Une discussion avec Francis Marmande

Paul Audi : Cher Francis, si je te propose en ce 21 avril 2012, que nous discutions du thème de la « souveraineté », c'est parce que je suis tombé en librairie, il y a quelques jours, sur la nouvelle édition – la seule édition séparée, en dehors des *Œuvres complètes* – de *La Souveraineté* de Georges Bataille, parue aux éditions Lignes dirigées par Michel Surya. C'est d'une certaine manière un événement, qui mérite d'être salué, d'autant qu'il révèle le toujours vierge, vivace et bel *aujourd'hui* bataillien dont nos contemporains ne soupçonnent pas assez la portée, hélas ! Cela dit, ce n'est pas uniquement au spécialiste réputé de Bataille que je souhaite m'adresser – j'entends à l'auteur de *Georges Bataille politique*, de *L'Indifférence des ruines*, et à l'éditeur de « La notion de dépense » notamment – ; je voudrais m'adresser aussi, et peut-être plus directement, à l'écrivain et au musicien, bref à *l'artiste* que tu es, et qui, par rapport à l'universitaire, « s'est toujours été un autre », comme l'aurait dit Romain Gary. Je précise cela d'emblée pour installer notre échange sur le plan d'une subjectivité en acte, mieux : d'une *liberté assurée d'elle-même*, que je rêverais de qualifier aussi de *souveraine*, comme notre thème devrait nous inviter à le faire.

Sur cette base, donc, nous pourrions tenter de réfléchir à la répercussion que la notion de souveraineté, au sens précis que Bataille lui a donnée, pourrait avoir sur nous tous aujourd'hui ; réfléchir, donc, à ce que cette notion pourrait bien nous apporter, étant donné la situation qui est la nôtre : non seulement celle de la France à la veille d'une élection présidentielle dominée largement par le thème du changement, mais aussi celle du monde mondialisé que l'on sait frappé de plein fouet par une crise économique, politique et sociale sans précédent.

Et je voudrais, pour amorcer la discussion, faire un parallèle entre la manière dont on a traité, maltraité, malmené idéologiquement la notion de *souveraineté*, et la manière dont on a réservé le même sort à la notion de *peuple*. (Je pense notamment à l'affreux « souverainisme ».) Ce parallèle, comme je dis, me paraît s'imposer en raison du fait que dans la tradition politique qui est la nôtre, « souveraineté » et « peuple » sont des termes associés depuis des siècles – c'est tout l'héritage des Lumières ; en tout cas, c'est celui de Rousseau, et cet héritage demeure pour tous infrangible – dans la locution de « souveraineté du peuple », en tant qu'elle assure leur légitimité aux institutions politiques auxquelles nous adhérons. Il n'est que trop évident, en effet, que les deux notions de *souveraineté* et de *peuple* ont été accaparées par des forces, des courants de pensée ou d'opinion, qui ont complètement retourné le sens originel de ces deux termes. Et pourtant, l'éclat qui leur avait été conféré au départ dans l'expression « souveraineté du peuple » avait renouvelé de fond en comble la signification des mots « peuple » et « souveraineté »... On doit toutefois remarquer d'entrée de jeu que Bataille, quand il se saisit de la notion de souveraineté dans le but de lui faire un sort particulier, et combien considérable, ne relève pas ce fait, s'abstenant d'ailleurs de proposer de la notion dont il traite toute espèce de généalogie.

Francis Marmande : Il fait ce qu'il fait toujours, à savoir une fausse généalogie, extraordinairement péremptoire et violente. J'ai été très surpris de relire le texte de Bataille sous cette forme-là – sous la forme d'un livre qu'il n'a en fait jamais été –, j'ai été surpris par l'accumulation qui s'y trouve de motifs propres à Bataille et des références qu'il invoque : Sade, Baudelaire, Nietzsche, etc. Rien que la première phrase – « *La souveraineté dont je parle a peu de chose à voir avec celle des États que définit le droit international* » –, rien que cette phrase est formidable. « *Dont je parle* » : depuis quand ? Et à quel sujet ? Et quelle est cette étrange idée lexicale qui consiste à reprendre un terme en commençant par préciser que cette reprise n'a rien à voir avec un usage défini par le Droit ? Cela ressortit à ce que tu disais : Bataille ne renvoie pas à des usages qui auraient pu s'imposer comme problématiques d'emblée, par exemple « la souveraineté du peuple ». Il y a pourtant une très longue archéologie de la souveraineté des temps aristocratiques, de toutes les délégations de souveraineté qui peuvent se retrouver dans le corps du sujet partiellement souverain – chez les *dignitaires* s'entend, pas chez ceux qui sont exploités ou opprimés. Mais cette souveraineté dont parle Bataille ne correspond à aucune des souverainetés répertoriées dans des États, ni à rien de l'usage qu'en a fait la République.

P. A. : Cette souveraineté, Bataille cherche à la définir – et cela est frappant – à travers son *objet*. Il dit : « La souveraineté n'est pas *celle des États*. » Mais, ce faisant, il n'interroge pas sa nature, et c'est ce qui est fort intéressant. Il écarte à la fois la *fonction* de la souveraineté et ce qui peut en constituer *l'essence*. Ou du moins, cette essence, il la caractérise d'entrée de jeu *négativement*, en enchaînant justement par ces mots : « Je parle en général d'un aspect opposé, dans la vie humaine, à l'aspect servile ou subordonné. » Il aurait très bien pu dire que la souveraineté dont il parle n'est pas identique à l'autorité ni au pouvoir tels qu'on les conçoit traditionnellement. Car n'est-ce pas ainsi que l'on a toujours cherché à appréhender cette notion ? On a tenté, par exemple depuis l'époque de Bodin, de la comprendre à partir de la notion de *puissance*, comme une de ses modalités. La souveraineté jusqu'alors a été définie comme une détermination spécifique du *kratos* politique. Or c'est précisément ce qui ne vient à aucun moment occuper les devants de scène bataillienne.

F. M. : Non seulement Bataille écarte immédiatement cette problématique, mais il n'éprouve même pas le besoin de distinguer la souveraineté de la Volonté par exemple, comme l'illustre la phrase célèbre de Mirabeau, et comme le prescrit une conception de « l'expression du peuple » qui mérite non seulement d'être écoutée mais d'être obéie. Ce n'est vraiment pas de cela qu'il s'agit.

P. A. : Il me semble que ce dont il s'agit, c'est de redonner un sens à l'idée de *liberté*, de renouveler le sens qu'à son époque l'on imaginait être celui de la liberté. C'est ce qui ressort de la deuxième phrase du livre que je viens de citer et qui oppose la souveraineté à la servitude utilitariste. C'est en tout cas pour cette raison, pour les enjeux induits par cette opposition, qu'il me paraît urgent qu'on en parle, non seulement toi et moi, mais en général, tant il est vrai que l'idéologie dominante d'aujourd'hui, celle qui triomphe un peu partout, relève de ce que Bataille appelle d'un mot : *l'utilité*.

F. M. : Il va même jusqu'à parler d'« objets serviles ».

P. A. : À ses yeux, en effet, tout peut devenir servile, et c'est donc depuis cet horizon – celui d'un totalitarisme de l'utilité et, partant, de la servilité – que sa parole nous parvient. Je dirais : nous atteint.

F. M. : L'utilité y est appréhendée dans tous ces aspects et dans tous ces emplois, répandus un peu partout. Le fonctionnement de l'Université depuis quelques années en est exemplaire et, à ce titre, formidablement révélateur.

P. A. : Le geste que fait Bataille et qui nous concerne directement est le suivant : il passe de l'utilité à la servitude, c'est-à-dire qu'il définit l'utilité par la servitude, ce que personne n'avait songé à faire avant lui, et ce que personne d'autre que lui n'a osé faire depuis avec l'ampleur que Bataille lui donne dans ce livre étonnant. C'est là un acte philosophique de très grande envergure. D'autant que c'est pour trouver un pendant à sa première équation qui met aux prises l'utilité avec la servitude, que Bataille a inventé son concept de souveraineté. Certes, ce concept, il nous le présente dès la première phrase en l'arrachant à la sphère du Droit qui, selon lui, lui donne son sens obvie, et sans dire alors ce qui l'a amené à l'élire comme la clé de voûte d'un système de pensée. Mais ici l'ordre des choses est le contraire de l'ordre de la connaissance. En effet, ce qui a amené Bataille à concevoir la souveraineté comme il l'a fait, c'est l'équation fantastique – dont on est encore loin, cinquante ans plus tard, d'avoir pris toute la mesure – qui fait se rabattre l'utilité sur la servitude. Bataille présente cette équation comme une conséquence de l'analyse de la souveraineté, alors qu'en réalité c'est l'inverse : c'est la souveraineté qui résulte à titre de corollaire de l'axiome de départ où l'utilité se trouve éclairée par la servitude, autant d'ailleurs que la servitude par l'utilité. Il suffit, me semble-t-il, de restaurer cet ordre pour se rendre compte de ce que Bataille nous transmet de décisif, à nous qui subissons l'onde de choc des crises que le libéralisme fondé sur l'utilitarisme et sa morale, celle du « service des biens », a allumé, et pour longtemps, aux quatre coins du monde. Bataille est celui qui, derrière le mot de *service*, nous permet d'entendre celui de *servile*.
Du coup, la souveraineté apparaît comme ce qu'elle signifie sur le plan de l'*éthique* : comme une manière de regagner notre liberté dans un monde dominé, organisé, exploité, dirigé par le gouvernement des choses serviles.

F. M. : C'est LE point remarquable, le point qui permettrait de repenser, de « dé-penser » le motif politique aujourd'hui. Les grands lecteurs de Marcel Mauss font valoir que Bataille a isolé ce qui l'intéressait dans l'œuvre de Mauss (comme il le fait d'ailleurs de toutes ses lectures), et qu'il en a fait une sorte d'objet de pensée, de dynamique de pensée personnelle, au travers de la notion de « dépense », qui est l'envers de l'utilitarisme, qui éclaire le sacrificiel, et qui est aussi du côté de la révolte, alors que la révolution serait, même elle, tendue vers *l'utilité*.

P. A. : La révolution a toujours en vue une certaine finalité, elle vise un résultat ; elle est téléologique en son essence.

F. M. : C'est bien pourquoi, lorsque Bataille emploie cette expression qui m'a longtemps perturbé, car je pensais ne pas la comprendre (alors que je sais très bien que le moment où l'on pense comprendre, c'est encore pire), à savoir : « *Je suis une négativité sans objet* », c'est bien pourquoi je me dis : oui. Oui les négativités, je peux en faire l'inventaire. Inventaire de ceux qui disent *non*, ceux qui s'insurgent ; depuis les esprits lucifériens, *Non serviam !*, « je ne me soumettrai jamais » ; jusqu'aux révolutionnaires, aux dadaïstes, aux surréalistes, etc. Mais « sans objet » ? Est-ce que cela ne pose pas un vrai problème ? Est-ce le *non* puéril de l'enfant qui trépigne, ou est-ce un geste de négativité qui n'a même pas besoin de la rentabilité qu'il induit ?
Deuxième point qui trouble dans cette pensée de la souveraineté, avec ce qu'elle implique d'une sorte de liberté souveraine que l'on pourrait dire « naïve », c'est cet exemple pris dans les premières pages : « À mon sens, *essentiellement*, si l'ouvrier s'offre le verre, c'est qu'il entre dans le vin qu'il avale un élément *miraculeux* de saveur, qui justement est le fond de la souveraineté. C'est peu de chose, mais du moins le verre de vin lui donne *un court instant* la sensation *miraculeuse* de disposer librement du monde. Le vin s'avale machinalement (à peine avalé, l'ouvrier l'oublie), c'est toutefois le principe de l'ivresse dont personne ne saurait contester la valeur *miraculeuse*. D'un côté disposer librement du monde, des ressources du monde, comme le fait l'ouvrier buvant le vin, participe à quelques degrés du *miracle*. De l'autre, c'est le fond de nos aspirations. Nous devons satisfaire nos besoins, nous souffrons si nous échouons, mais s'il s'agit du nécessaire, nous ne faisons que suivre en nous l'injonction animale. Plus loin que le besoin, l'objet du désir est, humainement, le *miracle*, c'est la vie souveraine, au-delà du nécessaire que la souffrance définit. Cet élément *miraculeux, qui nous ravit,* peut être simplement l'éclat du soleil, qui, par une matinée de printemps, transfigure une rue misérable. (Ce que, la nécessité l'eût-elle endurci, le plus pauvre ressent parfois.) Ce peut être le vin, du premier verre à l'ivresse qui noie. Plus généralement ce miracle, auquel aspire l'humanité entière, se manifeste parmi nous sous forme de beauté, de richesse. Sous

forme, aussi bien de violence, de tristesse funèbre ou sacrée, enfin sous forme de gloire. »

P. A. : Je te remercie d'attirer l'attention sur ce passage, qui est en effet absolument admirable.

F. M. : On peut le lire en songeant aux employés que l'on voit au pied des magasins et des entreprises en train de fumer. Ils n'ont plus que la tolérance d'aller le faire, au vu et au su de tout le monde, comme des exclus...

P. A. : Ou comme des enfants qui sont punis et qui doivent aller au coin.

F. M. : Leur plaisir est indéniable. Juste pour aller plus loin : opposer Bataille à Sartre ne sert à rien. Il y a bien sûr quelques raisons de le faire, y compris sur tous ces sujets sur lesquels ils se sont livrés à une sorte de *potlatch* de pensée. Pour peu qu'on les prenne comme les deux pôles d'une différence de potentiel, capables d'un courant qui transmet, cela devient plus excitant. Or l'attaque de Sartre, « Un nouveau mystique », féroce, drôle, échoue sur cette phrase : « *Au fond, l'expérience dont fait état M. Bataille n'est pas plus concluante qu'un rayon de soleil ou un verre d'alcool.* » Or c'est précisément là qu'il se trompe !

P. A. : Et qu'il touche paradoxalement, par là même, à l'essentiel de la chose.

F. M. : Ce n'est pas rien, un rayon de soleil, un verre d'alcool (et tu peux remplacer le verre d'alcool par tout ce que tu veux). Tout cela est proprement *miraculeux*. Miraculeux, de surcroît, pour *l'ouvrier*, pour le travailleur, pour celui qui assure le « service des biens ». Même s'il l'oublie dès qu'il l'a avalé, même si cette ivresse est brève, même si ce « *court instant* » ne vaut rien, cet instant *a été*, et c'est cela qui est *inestimable*. On pourrait le dire de ce que Bataille énumère : « *Le rire, les larmes, la poésie, la tragédie, et la comédie [...] l'extase, la danse, la musique, le combat, l'horreur funèbre, le charme de l'enfance, le sacré – dont le sacrifice est l'aspect le plus brûlant –, le divin et le diabolique, l'érotisme (individuel ou non, spirituel ou sensuel, vicieux, cérébral ou violent ou délicat [...]), le crime, la beauté, l'effroi, le dégoût...* »
On se demande ce que Bataille aurait oublié... Ce sont autant d'instants alignés, inventoriés, qui relèvent tous effectivement de la souveraineté. Pour

peu que l'on se réfère à *une souveraineté virtuelle*, ils en sont les exemples criants.

P. A. : Cette souveraineté est déclinée ici dans pratiquement toutes les modalités de la vie, en tenant chaque fois compte de leurs répercussions affectives et sensibles…

F. M. : … Y compris les modalités indéfendables, comme le crime, la cruauté… Il est évident que ce paragraphe s'oppose comme un démenti souverain, à la société de prohibition que nous vivons.

P. A. : Dans cette liste, me frappe également le fait que l'ensemble des déterminations que Bataille égrène se trouve aujourd'hui *menacé*. Toutes ces déterminations le sont, les unes après les autres. Elle est là, à mon sens, *la vraie figure de notre monde*. Tu ne peux pas considérer aucune de ces déterminations séparément sans sentir le poids de la menace – de la menace d'extinction – qui pèse sur elle. Il en est même qui ont déjà carrément disparu. Et on se dit alors que Bataille avait peut-être eu le pressentiment qu'en mettant en lumière le concept de souveraineté, il espérait encore sauver quelque chose dont il soupçonnait, dont il voyait peut-être même clairement déjà, qu'il disparaîtrait à terme. Tout se passe comme s'il avait eu l'intuition de cette fin et, en ce sens-là, la philosophie (si tant est qu'il faille rattacher Bataille à cette antique discipline) apparaît comme un exercice de *sauvetage* de ce qui risque à tout moment de sombrer dans le néant. L'ironie veut en plus que ce qui risque de sombrer dans le néant est de l'ordre de ce « rien » que Bataille s'efforce à la fois de distinguer du néant et de rapprocher du miracle… De ce point de vue, *La Souveraineté* m'apparaît comme un livre *poignant*, pénétré de part en part du souci d'une sorte de *rappel à l'ordre* – « l'ordre » dont je parle étant celui de *l'éthique* comme exigence singulière (et si peu collective) de résister pour soi à l'emprise de la servitude, à l'empire du gouvernement des choses serviles.
Forts de cette perception, nous pourrions alors revenir à la première phrase que tu citais précédemment, et rappeler que la « sensation miraculeuse » que Bataille met en relief est celle, il le dit expressément, de « disposer librement du monde ». Dans toutes les déterminations énumérées par Bataille – l'extase, la danse, le combat, l'horreur funèbre, l'érotisme, le crime, etc. –, il s'agit chaque fois d'une modalité, d'une spécification d'un disposer-librement-du-monde qu'aucune analyse phénoménologique n'aura jamais les moyens

de décrire correctement, je dirais même plus : qu'aucun langage ne pourra jamais appréhender sans distorsion, tant il y va d'une « sensation », ou d'une « émotion », *sans cause représentable* (d'où sa qualification par Bataille de *miraculeuse*). Tout ce que l'on peut en dire, c'est que ce « disposer » miraculeux se manifeste sur la pointe de l'instant comme un resserrement et une expansion du sentiment de liberté (à ce titre, c'est une *instantialisation* de la liberté), battement grâce auquel ou dans lequel on s'éprouve comme le réceptacle vivant, et toujours vierge, d'une *donation* qui excède de toute part cela même qu'elle donne (son donné). Et peu importe que l'on s'aperçoive après coup, que cette « libre disposition du monde » est une pure illusion, peu importe que l'instant d'après, on se rende compte que l'on n'a disposé de rien : ce *rien*, justement, il aura été au moins un court instant la mesure sans mesure de notre liberté.

F. M. : Cela importe peu, comme tu dis, parce que cela fait partie du « *jeu* ».

P. A. : Mais d'un jeu, précisément, que les sociétés dites développées dans lesquelles nous vivons, ou plutôt que les règles du jeu économiques, politiques et sociales que ces sociétés ont adoptées, s'emploient inlassablement à faire disparaître. Cette sensation miraculeuse de la libre disposition du monde, si instantanée soit-elle dans son principe, elle n'est plus donnée à éprouver à quiconque, et ce qu'il y a de plus touchant, mais aussi de plus parlant, dans ce qu'enseigne Bataille, est bien l'exemple qu'il donne de cette « émotion souveraine » ou de ce « moment souverain », comme il l'appelle aussi, le fait qu'il le réfère à la vie de *l'ouvrier* qui interrompt son travail pour aller boire un verre au soleil.

F. M. : Tu dis de cette émotion qu'elle n'est plus donnée à quiconque, mais elle est tout de même confisquée par quelques-uns, très rares ! Je ne dis pas par les patrons du CAC 40, mais enfin…

P. A. : Eh bien, je crois pour ma part que dans l'état où se trouve le monde, *plus personne* n'est à même d'atteindre à cette sensation de libre disposition du monde dans laquelle Bataille voit la pure attestation de la souveraineté. Que l'on soit riche ou pauvre, que l'on soit dominant ou possédant, ou dénué de tout bien ou de tout pouvoir, on est tous logés à la même enseigne. Et c'est un fantasme que de penser que les « puissants », eux au moins, jouissent de ce à quoi les autres n'ont plus accès. La situation est donc beaucoup plus tragique que ce que pourrait laisser entendre une lecture de ses composantes en termes de lutte des classes ou de différence de castes. Si nous avons le sentiment qu'une classe ou une caste jouit encore de « moments souverains », c'est parce que cette classe ou cette caste s'est seulement accaparée à son profit les instruments de *prestidigitation* grâce auxquels ils arrivent, eux, justement, à nous faire croire que cette sensation de libre disposition du monde est encore accessible, mais seulement à quelques-uns. En réalité, ils sont pris, comme tout un chacun, dans *la servitude de l'utilité*, dans l'utilitarisme le plus violent et, sans aucun doute, le plus néfaste. Ils sont, tous autant qu'ils sont et chacun pour sa part, *expulsés a priori* du cercle enchanté de la souveraineté. Et l'erreur que nous faisons inévitablement en pensant qu'ils y ont tout de même part, que la souveraineté leur échoit envers et contre tout, alors qu'ils ne font jamais qu'*administrer* des choses serviles toute la sainte journée, cette erreur dans laquelle nous sommes induits est l'effet le plus pernicieux de *leur pouvoir de domination.* On devrait tenter de repenser ce qu'est une idéologie à partir de cette considération-là, c'est-à-dire d'en analyser le mécanisme dans la perspective de cette *volonté perverse* de faire croire à qui veut bien l'entendre, qu'il y a encore de la souveraineté possible chez un très petit nombre d'individus, alors que c'est cette *possibilité même* qui a désormais complètement disparu. Cet angle de vue me paraît en tout cas conférer au texte de Bataille un relief immense, car il lui donne de dessiner pour nous un horizon éthique qu'il faudrait se charger désormais de reconnaître et de déployer à sa juste mesure.

Mais cette erreur que nous faisons, non seulement elle conforte réellement le pouvoir des uns tout en maintenant les autres sous leur coupe, mais elle conforte psychologiquement tout le monde (y compris les puissants) dans la mesure où l'on se dit : « Au moins, dans ce monde où semble avoir disparue la possibilité des moments souverains, il y en a encore certains qui jouissent de la libre disposition du monde et tirent ainsi leur épingle du jeu. » Non, crois-moi, ce n'est absolument pas le cas : ceux qui nous font subir leur domination ne sont même plus capables d'accéder à quelque forme de jouissance souveraine que ce soit. C'est dire que les nantis d'aujourd'hui ne sont pas les mêmes que ceux d'hier. Hier encore, ce dont *l'ouvrier* dont parle Bataille pouvait jouir « un court instant », son *patron* pouvait prétendre à en jouir sur une durée plus grande que ce « court instant ». Mais aujourd'hui, il me semble que le patron ne peut même plus jouir « un court instant » de ce dont l'ouvrier du passé pouvait connaître quand, par exemple, il quittait son bleu de travail pour aller boire tranquillement un verre à la terrasse d'un café.

F. M. : Je comprends que l'on puisse y voir le tragique d'aujourd'hui, si l'on détourne un instant son regard des réalités économiques, sociales et politiques.

P. A. : Cette réserve est importante. Je la partage. Sans doute partageras-tu à ton tour le sentiment que ce tragique d'aujourd'hui, nous n'arriverons à en prendre la mesure qu'en constatant la décomposition presque entièrement accomplie de ce que Bataille appelait de ses vœux en concevant à nouveaux frais la notion de souveraineté.

F. M. : Bataille désigne le tragique à travers Nietzsche, dont on sait à quels contresens il est *de nouveau* soumis et sous quelles récupérations on l'aplatit. Il fait surgir aussi l'exemple de Sade : « moment » clé, puisque par naissance Sade appartient au monde de la souveraineté, par exercice il le dépasse, et par révolte absolue, le sacrifie au-delà du possible. Il est plus que navrant de constater qu'en-dehors de quelques lectures (Annie Le Brun, notamment), on en revient, non sans méchanceté, à une moralisation démoralisante de Sade.
Ce qui me trouble, c'est que dans ce tableau extraordinairement pessimiste que tu fais, et dont on dirait qu'il est « vérifiable », tu es de ceux qui cherchent moins à décrire la décomposition dont tu parles, qu'à trouver des lieux où subsistent des possibilités de vie, des points d'articulations qui rendraient la vie vivable. Du moins ta lecture de Jean-Jacques Rousseau ou de Romain Gary en indique-t-elle la piste.

P. A. : C'est vrai. Et je m'aperçois en t'écoutant combien une conversation à bâtons rompus entre amis, comme nous nous y livrons présentement, peut être éloignée de ce qui vient à prendre place à l'intérieur d'un livre. En effet, quand j'écris, je m'efforce de respecter le plus scrupuleusement possible cette phrase de Nietzsche dont je me suis fait une maxime, à savoir qu'« un homme qui souffre n'a pas encore *droit* au pessimisme ». Cette maxime, je la reprends même à mon compte en substituant au mot « homme » le mot « monde », et c'est bien conscient de cette substitution possible, que je m'attelle alors à mon travail philosophique. Le reste du temps, comme cet après-midi par exemple, je me laisse aller à ce que cet *impératif éthique* a toujours interdit à l'écrivain que je suis. Ce n'est bien sûr pas la première fois que je me laisse aller de la sorte, mais tu as bien raison de me mettre en face de mes contradictions, ou tout simplement de mes faiblesses. Je t'en remercie. Il faut que j'apprenne à contenir mieux mes angoisses.

F. M. : Rousseau serait-il l'apothéose du pessimisme ?

P. A. : C'est exactement le contraire ! Voltaire est affreusement pessimiste ; quant à Rousseau, il est lucide, mais sa lucidité ne le rend pas pour autant pessimiste. Son absence de pessimisme repose en réalité sur le socle qui permet à sa philosophie tout entière de tenir, à savoir « la bonté naturelle de l'homme ». Or, pour revenir à Bataille *depuis* Rousseau, je dirai que la souveraineté est au premier ce que la nature est au second : cette dimension de l'être où la liberté même trouve sa mesure, parce que cette mesure précisément aura été *dénaturée*, au point de nous laisser complètement désorientés.

F. M. : La pensée de Bataille est aussi, à ma connaissance, la seule pensée qui porte au plus loin, la pensée des ressources non utilisées ni recensées *à des fins productives*. Pensée qui a même à voir avec la peur qu'elle induit, parce qu'enfin, de deux choses l'une : ou elle suppose une joie totale, irréfléchie (Bataille parle bien plus souvent du *non-savoir* que ne le dit Lacan) ; ou elle implique une dilapidation inassimilable et particulièrement *impensable* aujourd'hui.
Jusqu'où va cette pensée, quand elle pointe en note de bas de page d'un texte, on le rappelle, non publié : « Ce sont toutefois les perspectives de la raison, qui excluent justement cet élément imprévisible, *impossible*, que j'appelle miraculeux. Les renversements qui tiennent aux nouvelles techniques (tout autres que ceux des révolutions sociales, agissant dans l'ordre juridique) nous étonnent dans la mesure où nous vivons encore dans l'attente de changement miraculeux. Mais ils ne révèlent rien de plus profond que la permanence d'une telle attente. La voix de la radio vient de plus loin et se fait entendre de plus d'oreilles, mais c'est la même voix ; les moyens de transports sont plus rapides et la chirurgie multiplie les guérisons, mais ces différences sont quantitatives. Il en va de même de l'explosion atomique dont les effets désastreux pourraient sans doute s'avérer *bien plus grands* que ceux des cataclysmes naturels – mais dont nous ne pouvons rien espérer de miraculeux que négatif. »

On pourrait continuer. Passage très étonnant – *et* sur la perspective atomique vue ainsi en 1954, *et* sur ces changements qui ne sont que quantitatifs. Car il me semble que depuis cette époque, il y a eu plus que des changements quantitatifs. En 1954, la télévision fait, à l'occasion de je ne sais quel couronnement de la reine d'Angleterre, une entrée royale. Et là, du moins pour la région parisienne, ça change la donne.

P. A. : Bataille pense ceci : s'il y a de l'attente, et aussi longtemps qu'il y a de l'attente, rien ne vient, n'advient ni ne survient véritablement. En réfléchissant ainsi, Bataille se présente comme un penseur de l'événement au-delà de toute attente. C'est la condition de possibilité de l'événement qui l'intéresse. Pour lui, il n'y a d'événementialité qu'à la faveur du dépassement de l'horizon de l'attente. Quelque chose dans ce qui vient excède toujours toute intentionnalité, et c'est cela qui dans l'événement *fait événement.* À l'inverse, quand on attend quelque chose, on ne peut laisser arriver que ce qui appartient déjà à l'ordre dans lequel l'attente elle-même se sera produite.

F. M. : Cette *attente* n'est pas indexée sur le *manque* que Lacan, de son côté, met au centre du jeu.

P. A. : Il s'agit d'autant moins de cela que Bataille cherche avant tout à dégager l'événement de toute prévisibilité possible, en recourant à une instance des plus singulières, à savoir le *miraculeux.* Non seulement le miraculeux fait événement, mais tout événement au sens propre, c'est-à-dire au sens fort, *est* miraculeux. Le miraculeux dit « ce qui arrive », mais en tant qu'on n'en connaît jamais la cause. Il est à la fois ce qui est temporellement non lié, le libre absolu, et ce qu'assume de l'être le *non-savoir.* C'est ce qui arrive en tant qu'on ne peut le réduire à un système causal, c'est donc l'inexplicable, voire l'injustifiable. Certes, pour arracher l'événement à l'atrophie qui le guette en raison de son insertion présumée dans le temps, dans une histoire donnée ou dans une narration quelconque, cet événement ne doit pas être prévisible. Mais Bataille ne doit d'être un penseur *radical* de l'événement qu'à sa décision de *passer de la prévision à l'attente.* Et c'est parce qu'il va jusqu'à situer l'événementialité de l'événement hors de la dimension ouverte par l'attente, qu'il l'inscrit dans l'ordre de *l'impossible.* Quand, dans le texte que tu as lu, Bataille associe « imprévisible » à « impossible », il quitte, je crois, le lieu du *politique* – à tout le moins du « Tout est politique ». Bataille cherche le point

à partir duquel la création du possible devient effective, et ce point, il le situe au-delà de l'attente et il lui donne le nom de l'impossible.
En d'autres termes, ce qui est véritablement créateur, ce n'est pas seulement ce qui est nouveau (cf. Bergson), c'est ce qui ne saurait même être attendu. Car ce qui est rendu possible par la création, c'est ce qui prend naissance sur les rivages de l'impossible, ou pour mieux dire : ce qui tient à l'impossible. Le créateur est tenu à l'impossible, car c'est seulement de là où il se tient qu'un possible peut dessiner un horizon d'attente, cet horizon relativement auquel nous tous nous nous tenons. Ainsi, peut-être, notre maladie à nous, aujourd'hui, est-elle *téléologique* : l'obsession du *télos*, alimentée par notre soumission aux lois de l'utilité, que fait-elle donc si ce n'est nous remettre à tel point à l'attente de quelque chose, que nous ne pouvons plus *créer* quoi que ce soit, au sens fort et vrai du mot ? Nous attendons quelque chose désespérément, ou nous l'attendons le cœur plein d'espoir ; mais, dans le fond, peu importe comment nous l'attendons : car dans l'attente justement, désespoir et espoir se confondent ou s'annulent.
De ce point de vue, l'horizon révolutionnaire apparaît si bien comme un horizon d'attente, que l'on ne peut plus s'étonner que les révolutions ne produisent jamais rien de *miraculeux*.

F. M. : C'est pourquoi Bataille préfère la *révolte* à la révolution ; Dada, au surréalisme ; la débauche, à l'embauche ; la perte, à l'accumulation ; l'instant, à la temporalité liée. *La révolte contre toute attente.*

P. A. : Autant dire contre tout messianisme historique ou révolutionnaire… Comment ne pas penser ici à Camus et à son analyse mémorable de la mutation de la révolte en révolution dans un univers (mais est-il encore le nôtre ?) devenu comme tel « purement historique » ? Comment ne pas penser à la manière dont *L'Homme révolté* définit la révolte ? (Je dis cela en ne cherchant pas à rapprocher inconsidérément Camus et Bataille, même si tous les deux, à un moment décisif de leurs formations intellectuelles respectives, se sont abreuvés à une même source : les écrits de Chestov ; mais tu sais aussi bien que moi qu'en ce qui concerne les idées de Camus sur la révolte, exposées pour la première fois au printemps 1945, Bataille avait alors écrit à Camus : « […] comme je m'y attendais, je suis pleinement en accord avec toi ».) Car voici comment Camus définit la révolte : « La révolte est, dans l'homme, le refus d'être traité en chose et d'être réduit à la simple histoire. Elle est l'affirmation d'une nature commune à tous les hommes,

qui échappe au monde de la puissance » – et Camus de poursuivre en ajoutant alors l'essentiel : « L'histoire, certainement, est l'une des limites de l'homme ; en ce sens le révolutionnaire a raison. Mais l'homme, dans sa révolte, pose à son tour une limite à l'histoire. À cette limite naît la promesse d'une valeur ». Quelle valeur ? Camus parle quelques lignes plus bas « d'une dignité et d'une beauté commune aux hommes », en précisant aussitôt que c'est cette valeur-là que le révolté (fût-il révolutionnaire) sent la nécessité d'étendre « à tous et à tout »...
Mais je songe surtout à cet autre passage de *L'Homme révolté* qu'il ne me paraît pas inutile de rappeler aujourd'hui, en ces temps amnésiques où l'on croit – sans doute avec beaucoup de candeur, et sans le moindre goût du paradoxe – qu'il appartient davantage à « l'indignation » qu'à la « révolte » de faire le lit de la prochaine *révolution* : « Le révolutionnaire est en même temps révolté ou alors il n'est plus révolutionnaire, mais policier et fonctionnaire qui se tourne contre la révolte. Mais s'il est révolté, il finit par se dresser contre la révolution. Si bien qu'il n'y a pas progrès d'une attitude à l'autre, mais simultanéité et contradiction sans cesse croissantes. Tout révolutionnaire finit en oppresseur ou en hérétique. Dans l'univers purement historique qu'elles ont choisi, révolte et révolution débouchent dans le même dilemme : ou la police ou la folie. » Car la question qui se pose ici est la suivante : pour sauvegarder tout le miraculeux de la révolte, suffit-il de préserver celle-ci de sa propre transmutation révolutionnaire ? Pour cela, ne faut-il pas en plus, ne faut-il pas surtout, intimer à la révolte qui nous animerait le cas échéant l'ordre (le commandement éthique) de ne pas *se choisir un univers purement historique* ? Mais dans ce cas, quelles seraient les composantes d'un univers qui échapperait de part en part à une détermination historique ? En fait, tout est dans l'adverbe « purement » fort bien choisi par Camus. Dire que la révolte ne doit pas se choisir (pour terrain de jeu si j'ose dire) un univers *purement* historique, cela revient à dire qu'il ne lui incombe pas non plus de se choisir un univers *purement* anhistorique. Le miraculeux de la révolte tient à ce que son « instant » n'est pas plus soluble dans une temporalité liée que dans une temporalité déliée (c'est-à-dire dans un temps qui s'annule). Il existe à coup sûr un *instant* de la révolte, et cet instant n'est pas plus instantané qu'il n'est assimilable à un *nunc stans*, un « présent immobile ». L'instant de la révolte, c'est cette création irrésistible et pure, cette surrection absolue de l'événement, de ce qui vient, advient ou survient, de ce qui est amené à se manifester sans jamais que l'on s'y prépare (Camus voyait cet événement *kat'exochèn* sous forme de création

de « valeur », mais Bataille, lui, y voyait tout autre chose, quelque chose qui a trait à *ce qui ne peut que demeurer en toute circonstance proprement inassimilable*). L'instant de la révolte, en d'autres termes, c'est cette « jeunesse du monde » que *la liberté réinvente chaque fois* dès lors qu'elle se refuse à voir dans l'histoire (le temps) autant que dans l'absence d'histoire (l'éternité) un quelconque absolu. Car enfin, si la révolte s'entend à relativiser l'absolu, elle se défend tout autant d'absolutiser le relatif. Autrement dit, et contrairement à ce que l'on a cru pendant tout le temps où la révolte a porté le masque de la révolution, ce n'est pas l'histoire *stricto sensu* qui constitue son « élément », c'est la liberté *dans sa souveraineté même.* (« Dans sa souveraineté même » veut dire ici : hors de toute obligation de choix, libre au sens de libre de tout choix, de tout calcul, de toute finalité mesurée à l'aune de ce qui nous serait utile, de ce qui servirait à...) Et c'est bien, par ailleurs, parce son « instant » met aux prises l'une avec l'autre des réalités contradictoires (le relatif et l'absolu, l'historique et le supra-historique) *qui ne parviennent justement pas dans ce rapport à triompher l'une de l'autre*, que tout s'y déroule, chaque fois, comme par miracle...

Voilà, en tout cas, qui nous introduit à la question clé : quelle politique peut-il y avoir dans un horizon de contre-attente ? Est-ce que l'essence même du politique n'empêche pas l'exercice de la souveraineté, si son essence même (celle de la politique, pas celle de la souveraineté) se déploie toujours suivant une intentionnalité, un projet, une volonté, donc sous un horizon d'attente ?

F. M. : Une politique qui, au nom de la révolte, se soustrait à quelque horizon d'attente, est comme telle *imprononçable*. Certes, cette politique n'aurait pas de programme, mais si quelqu'un devait s'exprimer sur un tel terrain, à la fois de fuite et de sables mouvants, cela ferait *peur*.

Dans ces temps d'élection, tout choix protestataire, attend un *bénéfice*. Un bénéfice symbolique, narcissique ou cassant, mais un bénéfice. La souveraineté indique une *morale sans bénéfice*. Bénéfice est aussi un terme du lexique religieux. Alors, qu'est-ce que n'attendre ni bienfait ni bénéfice ?

P. A. : L'absence de bienfait ou de bénéfice, c'est ce qui, dans le fond, détruit toute attente. D'où la question que l'on ne peut éviter de se poser : qu'est-ce qu'on fait avec cela ? Toi, par exemple, qu'est-ce que tu fais de cette morale sans bénéfice, comme tu l'appelles ?

F. M. : Je ne sais pas. De la réflexion ? Une pratique ?

P. A. : J'imagine que tu en fais… de la musique ! En tout cas, ce que cette « morale »-là est en mesure de produire, c'est un *appel* – un fantastique appel à la création sous toutes ses formes.
On pourra toujours s'interroger sur le renouvellement de la question du politique qu'entraîne la notion de souveraineté au sens de Bataille, une chose néanmoins demeure certaine : ce texte n'est pas décourageant. Au contraire, il appelle à assumer toute la *gratuité* qui entoure et exhausse le geste créateur.

F. M. : Je sais, pour ma part, pourquoi en musique, quel que soit le niveau dont je n'ignore rien, je touche à une authentique jouissance. Free musiques, flamenco, improvisations collectives, je ne me reconnais même pas un devoir d'*exécution* – je ne dis même pas de qualité. Il y a simplement ces possibles qui ne se profilent nulle part ailleurs – en tout cas pas dans l'écriture – et qui ont trait à *l'autorisation.* S'autoriser de soi-même, concrètement, pas en pensée seulement.

P. A. : Dans le texte de Bataille sur la souveraineté, il y a, c'est incontestable, même si cela n'est pas dit directement sous cette forme, il y a, dis-je, l'appel à la création et à l'assomption de la *souveraineté de l'artiste* qui, de fait, comme tu le dis, pour exercer son art, doit savoir et pouvoir s'autoriser de lui-même. Mais dans le registre de cette « émotion que désigne le nom de souveraineté », comme dit Bataille, donc dans l'ordre du *miracle* – c'est du moins ce que je souhaiterais plaider, ayant écrit tout un livre, *Le Théorème du Surmâle*, pour aboutir à cette affirmation –, il y a aussi, comme modalité du miraculeux, *l'amour*. L'amour comme cet événement inattendu, comme cette émotion, je reprends les mots de Bataille dans leur enchaînement, « imprévisible, *impossible* ». L'amour comme le miracle *par excellence*, même si dans sa manifestation il n'occupe que l'espace de ce « court instant » dont parle à juste titre Bataille ; miracle qui n'existe peut-être même que comme cette sensation de disposer librement du monde à travers laquelle luit le clair-obscur de l'impossible. L'amour : « *impossible, et pourtant là* ».

F. M. : L'amour, c'est l'accident. C'est ce qui arrive.

P. A. : Avec l'amour comme modalité de l'impossible, on quitte sans doute les rivages du politique dont nous parlions à l'instant, et l'on entre de plain-pied dans ce que je me plais à appeler l'éthique, s'il est vrai que l'amour induit toujours un *ethos*, une façon de se comporter dans la vie et au regard de la vie, une manière que l'on se choisit de *tenir debout* contre le courant qui t'emporte toujours et qui n'est autre que l'impératif du « service des biens ».

F. M. : Une éthique, en ce sens, *oui*, bien sûr. À distance infinie de tout moralisme. Cette morale sans bénéfice de l'amour fait peur, au point de démoraliser. Cette morale sans bénéfice est une éthique sans morale, toute ta pensée tend à le dire, et, du coup, « inacceptable ». D'autant que les sujets, tels qu'ils sont prescrits (socialement ou politiquement), ne sont plus en état d'*accepter* « ce qui arrive » – l'amour, le rayon de soleil, l'ivresse de la musique. Encore moins de *s'y adonner*. Cette « disposition » lève autant de problèmes qu'elle est censurée.
Que faire donc de cette phrase de Bataille : « *Le monde des amants n'est pas moins vrai que celui de la politique. Il absorbe même la totalité de l'existence, ce que la politique ne peut pas faire* » ?

Du même auteur

La Fin de l'impossible
Nouvelle édition augmentée, Christian Bourgois Éditeur, coll. « Titres », 2012.

Le Théorème du Surmâle. Lacan selon Jarry
Verdier, 2011.

L'Empire de la compassion
Les Belles Lettres, coll. « Encre marine », 2011.

Le Regard libéré d'Eugène Leroy
Galerie de France, 2010.

Créer. Introduction à l'esth/éthique
Nouvelle édition entièrement refondue, Verdier, coll. « Verdier/poche », 2010.

Jubilations
Christian Bourgois Éditeur, coll. « Titres », 2009.

Rousseau : une philosophie de l'âme
Verdier, coll. « Verdier/poche », 2008.

Je me suis toujours été un autre. Le paradis de Romain Gary
Christian Bourgois Éditeur, 2007.

Supériorité de l'éthique
Édition définitive, remaniée et augmentée, Flammarion, coll. « Champs », 2007.

Michel Henry. Une trajectoire philosophique
Les Belles Lettres, coll. « Figures du savoir », 2006.

Créer
Encre Marine, 2005.
La Fin de l'impossible. Deux ou trois choses que je sais de Gary
Christian Bourgois Éditeur, 2005.
Où je suis. Topique du corps et de l'esprit
Encre Marine, 2004.
L'Ivresse de l'art. Nietzsche et l'esthétique
Le Livre de Poche, coll. « Biblio Essais », 2003.
L'Europe et son fantôme
Léo Scheer, coll. « Manifeste », 2003.
Crucifixion
Encre marine, 2001.
L'Éthique mise à nu par ses paradoxes, même
Presses universitaires de France, coll. « Perspectives critiques », 2000.
Supériorité de l'éthique
Première édition, Presses universitaire de France, coll. « Perspectives critiques », 1999. Deuxième édition, revue et corrigée, Presses universitaires de France, coll. « Quadrige », 2000.
Rousseau, éthique et passion
Presses universitaires de France, coll. « Perspectives critiques », 1997.
L'Autorité de la pensée
Presses universitaires de France, coll. « Perspectives critiques », 1997.

Achevé d'imprimer en octobre 2012
sur les presses de l'imprimerie Chirat
42540 St-Just-La-Pendue,
pour le compte des Éditions Les Belles Lettres
collection « encre marine »
selon une maquette fournie par leurs soins.
Dépôt légal : octobre 2012
N° 201209.0077
ISBN : 978-2-35088-060-0

catalogue disponible sur :
http://www.encre-marine.com